Philosophie de l'amour : L'héritage chrétien

Collection « Sagesses d'hier et d'aujourd'hui »
L'histoire de la pensée écrite et racontée par Luc Ferry

Crédits couverture :
Photo Luc Ferry : © Rémy Cortin

Raphaël, *La Vierge à la rose*, vers 1518, © akg-images

Projet développé par :
Le Figaro et *Le Point*

ISBN : 978-2-8105-0526-5 (collection)
ISBN : 978-2-8105-0556-2 (volume 30)

Philosophie de l'amour :
L'héritage chrétien

par Luc Ferry

COLLECTION
SAGESSES D'HIER
ET D'AUJOURD'HUI

Je vais aujourd'hui vous parler de la théologie chrétienne de l'amour, mais je voudrais le faire sous un angle un peu particulier, puisque ce qui m'intéresse dans cette théologie, ce n'est pas simplement ce qu'elle signifie pour les croyants, mais ce qu'elle peut vouloir dire aussi pour les non-croyants, ce en quoi elle va leur léguer un héritage qui sera repris sous diverses formes dans la philosophie qui est, comme je vous l'ai souvent dit, par essence, laïque.

J'écris, au moment où je vous parle, un livre avec le cardinal Ravasi, proche de Benoît XVI puisqu'il est le président du Conseil pontifical pour la culture au Vatican, c'est-à-dire le ministre de la Culture du pape. Nous écrivons ensemble un essai, à quatre mains donc, dans le cadre de ce que l'Église appelle le « Parvis des Gentils » : dans son vocabulaire un peu particulier, la formule désigne tout simplement le dialogue avec les non-croyants, comme je le suis. Après avoir ouvert un dialogue interreligieux avec l'islam et le judaïsme – Jean-Paul II s'était beaucoup investi dans ce programme –, le pape Benoît XVI a décidé d'ouvrir aussi le dialogue avec les athées et les agnostiques. C'est dans le cadre de ce programme que ce livre s'inscrit. Il porte donc sur la question de savoir ce que peut signifier le message du Christ pour une pensée laïque, notamment dans le contexte de la philosophie contemporaine.

Ce que je voudrais vous montrer aujourd'hui, c'est la façon dont l'amour spécifiquement chrétien, incarné dans les Évangiles par un mot grec, *agapè*, possède aussi une signification très profonde hors la sphère religieuse proprement dite. En général, on traduit *agapè* en français par « charité », en latin par *caritas*, mais cette traduction n'est pas très heureuse, parce que, aujourd'hui à tout le moins, le mot a une connotation un peu condescendante, à la limite de la pitié, alors que c'est bien d'amour qu'il s'agit, et même de l'amour le plus désintéressé et le plus mystérieux qui soit.

Les trois noms de l'amour

Je voudrais commencer – c'est un passage obligé – par reprendre l'analyse des trois noms grecs de l'amour : *éros*, *philia* – qu'on traduit habituellement par « amitié » – et *agapè*. Ce ne sont d'ailleurs pas les seuls noms grecs de l'amour. En grec, comme en français, il existe aussi des mots pour parler de la tendresse, des sentiments, de la passion, des affections, des attachements, etc., mais ce sont malgré tout ces trois noms-là que la langue grecque a légués pour l'essentiel à la philosophie. Je ne dirais pas que leur commentaire est devenu un pont-aux-ânes, ce serait injuste et désobligeant, mais il est vrai que de très nombreux ouvrages ont déjà été écrits sur la signification d'*éros*, de *philia* et d'*agapè*, notamment les excellents livres de Denis de Rougemont, philosophe suisse qui a consacré une grande partie de sa vie à l'analyse des grands mythes amoureux de l'Occident : Tristan et Yseult, Roméo et Juliette, Don Juan et quelques autres. On trouvera dans ses livres – notamment dans *L'Amour et l'Occident* [1], un ouvrage vraiment remarquable – des analyses de la signification d'*éros*, *philia* et *agapè*. Mon ami André Comte-Sponville a consacré lui aussi plusieurs essais à l'analyse de ces trois concepts, notamment le dernier, qui s'intitule *Le Sexe ni la Mort* [2] (sous-

1. Voir bibliographie.
2. Voir bibliographie.

entendu : ne peuvent se regarder en face). Si j'y ajoute aujourd'hui mon grain de sel, ce n'est pas que je m'oppose à leurs analyses, j'en reprends au contraire bien volontiers une bonne partie, mais c'est que j'aurai malgré tout un certain nombre de choses à y ajouter, qui ont du sens dans le cadre de cette problématique générale du Parvis des Gentils.

ÉROS ET SON PARADOXE

Commençons donc par *éros*. *Éros*, c'est l'amour de concupiscence, pour parler comme saint Augustin [1] et Pascal. C'est l'amour qui prend et qui consomme. C'est un amour possessif. *Éros* est la fois jaloux, dominateur et passionné [2]. *Éros*, c'est la passion amoureuse par excellence, la passion érotique à l'état chimiquement pur. Mais *éros* est plus complexe qu'on ne pourrait l'imaginer à première vue. Il n'est pas simplement un amour animal, comme on aurait tendance à le penser sans réfléchir plus avant. C'est un amour assez compliqué, un amour – tous ses bons analystes l'ont noté, notamment André Comte-Sponville – qui, à la limite, se nourrit presque autant de l'absence de l'être aimé que de sa présence. Il y a quelque chose de contradictoire dans *éros* : il a besoin de la présence de l'être aimé – oui, bien sûr, quand même… –, mais il a aussi besoin, paradoxalement, de son manque. Je voudrais vous montrer comment et pourquoi cette structure « dialectique » de l'amour érotique se trouve élucidée pour la première fois chez Platon, notamment dans le *Philèbe*, dans le contexte d'une réflexion sur le plaisir et la douleur – réflexion si profonde qu'elle va traverser toute l'histoire de la philosophie pour se retrouver pratiquement intacte jusque chez Freud.

« Éros, c'est l'amour qui prend et qui consomme. C'est un amour possessif, à la fois jaloux, dominateur et passionné. »

Le plaisir et la douleur

Cette analyse est d'abord et avant tout centrée sur la notion de désir. Platon propose, à partir d'elle, une définition du plaisir et de la douleur comme affects qui possèdent une structure fondamentale en trois temps, trois grands moments.

Partons, s'agissant d'abord de la logique du plaisir, d'une expérience toute simple, commune à l'humanité, plus simple encore que l'amour érotique, mais qui relève malgré tout d'*éros* au sens large, de ce qu'on appellerait aujourd'hui la libido : l'expérience de la faim ou de la soif. Vous allez y retrouver immédiatement les trois temps auxquels je viens de faire allusion. Quels sont-ils ?

Posons que, dans un premier temps, l'organisme est en équilibre parfait : on n'a ni faim ni soif, on n'a ni trop mangé ni trop bu ; le manque, le désir ne s'est pas encore installé. On est donc dans une situation d'harmonie du corps avec lui-même, d'équilibre de l'organisme. La situation de départ est donc étale, si je puis dire : on ne sent rien de particulier, le désir n'est pas encore là, le manque n'est pas encore creusé.

Dans un deuxième temps, le voilà qui apparaît lentement, presque insidieusement, comme une espèce de pente douce. Imaginez un schéma qui ressemblerait à une sorte de lettre « V » dont le premier trait vertical serait moins accentué. Ou, mieux encore, au symbole de la racine carrée : comme par une pente douce, la faim et la soif s'installent peu à peu, le manque d'eau ou de nourriture se fait peu à peu sentir. Il s'insinue progressivement. Le processus peut demander plusieurs heures dans une journée avant que le désir de boire ou de manger n'apparaisse. Puis, à la limite, quand le manque est trop grand, il devient insupportable. Telle est la nature profonde de ce deuxième temps qu'il faut, encore une fois, décrire comme une pente douce, un processus progressif : c'est insensiblement, sans en avoir conscience, du moins au début, qu'on commence à avoir faim, à avoir soif. Au final, le manque peut devenir douloureux, voire terrifiant : on éprouve un désir immense, puis tout simplement un besoin vital de boire ou de manger. Mourir de faim ou de soif est atroce.

C'est là qu'apparaît le troisième temps, celui du plaisir proprement dit : après la pente douce, la rupture d'équilibre insensible au départ et progressive, on rétablit d'un seul coup la situation originelle. On avale d'un trait un délicieux verre d'eau fraîche. On rétablit l'équilibre et ce rétablissement est le comble du plaisir. On peut donc définir le plaisir comme un retour rapide à l'équilibre après une rupture progressive, douce et lente. La faim et la soif sont de bons exemples.

Examinons maintenant la structure de la souffrance. C'est exactement la même que celle du plaisir, mais avec une orientation inverse : on retrouve nos trois temps, mais structurés différemment. Le premier temps est le même, c'est l'équilibre : on part de l'harmonie du corps avec lui-même. On a affaire par hypothèse à un organisme en bon état, en accord avec lui-même. Dans un deuxième temps, on va retrouver la rupture d'équilibre, mais, à la différence de ce qui se produit pour le plaisir, la rupture est ici brutale : je me coupe le doigt avec un couteau, par exemple. Le couteau dérape et il y a intrusion brutale d'un corps étranger dans l'organisme, une rupture qui s'installe de manière soudaine et provoque une souffrance vive, parfois intolérable si la blessure est profonde. Au contraire de ce qui intervient dans la structure du plaisir, le troisième temps, le rétablissement de l'équilibre, c'est-à-dire en l'occurrence la cicatrisation, va être long. Voyez la différence : ici, la rupture est brutale et le retour à l'équilibre, en revanche, est lent. Personne n'aurait l'idée de dire que la cicatrisation est un plaisir. Dans le meilleur des cas, on ne la sent pas. Quelquefois, elle est même plutôt douloureuse. Mais, en toute hypothèse, notez bien la différence avec le plaisir : la structure globale est la même, sauf que, dans le cas du plaisir, la rupture d'équilibre est lente ; dans le cas de la douleur, elle est brutale ; dans le cas du plaisir, le retour à l'équilibre est rapide, c'est le verre d'eau fraîche qu'on avale d'un seul coup ; dans le cas de la douleur, le retour à l'équilibre, au contraire, est lent ; c'est l'exemple de la cicatrisation.

*Le défi d'*éros *au mariage*

Si on part de cette structure, on comprend pourquoi le désir est dialectique, pourquoi la libido est tiraillée en permanence par des tendances contradictoires. Le désir a besoin du manque de l'objet désiré autant que de sa présence. Si nous n'avions pas soif, nous n'aurions aucun plaisir à boire. Si nous n'avions pas faim, nous n'aurions aucun plaisir à manger. Il faut qu'il y ait du manque pour qu'il y ait désir et il faut qu'il y ait désir pour qu'il y ait plaisir. Pas de manque, pas de désir ; pas de désir, pas de plaisir. Et voilà pourquoi le mariage représente toujours, pour *éros*, un défi considérable. Parce que le mariage, c'est justement cette structure dans laquelle l'objet d'*éros*, l'objet d'amour, est toujours présent, donc, à la limite, toujours plus ou moins pesant au sens où l'on est pour ainsi dire en permanence « comblé » : le manque n'a pas le temps de s'installer, l'objet aimé est toujours là, au point qu'il en devient parfois fastidieux. C'est comme si on mangeait ou buvait en continu, sans jamais laisser au désir le temps de s'installer, sans jamais faire précéder le plaisir d'un peu de manque et de souffrance. C'est ce qui fait dire à Montaigne que le mariage est comme une cage ainsi faite que les oiseaux qui sont dehors rêvent d'y entrer et ceux qui sont dedans n'ont qu'une idée, en sortir. Je cite de mémoire, mais enfin, c'est bien l'idée. Pour *éros*, la vie commune représente donc un véritable défi et tous les couples le savent, même s'ils ne l'avouent pas toujours volontiers.

« Le désir a besoin du manque de l'objet désiré autant que de sa présence. Il faut qu'il y ait du manque pour qu'il y ait désir et il faut qu'il y ait désir pour qu'il y ait plaisir. »

De là, du reste, la stratégie, voire la tactique qui consiste à organiser dans la vie quotidienne des petits manques, des petites ruptures. On improvise un dîner aux chandelles, un voyage impromptu, on fait des petits cadeaux qui n'étaient pas prévus. Ça peut aller jusqu'à la stratégie bien connue des deux appartements : on habite dans deux lieux différents, voire dans deux villes différentes, dans deux régions différentes et, pourquoi pas, dans deux pays différents ! On organise ainsi volontairement le manque de l'autre en créant artificiellement de la distance, en cherchant consciemment à trouver une espèce d'équilibre entre la présence et l'absence. Où l'on voit que cette recherche part d'une structure fondamentalement contradictoire, la structure d'*éros*. La plupart du temps, dans les couples, c'est moins poétique, moins amoureux : c'est tout simplement la dispute qui remplit ce rôle. On se dispute, et ça crée une distance, puis on se réconcilie – et on ne se réconcilie jamais si bien, pardon pour la tautologie, qu'après une belle dispute, après un début de séparation, et les retrouvailles réservent alors des moments délicieux parce qu'elles sont à nouveau érotiques. Pas besoin de faire un dessin, chacun le comprendra. Voilà la structure contradictoire d'*éros* et le défi que pose *éros* au mariage.

PHILIA OU LA SIMPLE JOIE DE L'EXISTENCE D'AUTRUI

Philia est un amour qui, à la différence d'*éros*, fait déjà un pas dans le sens de la gratuité. *Philia*, c'est la joie prise à la simple existence de l'autre. On pourrait même, pour forcer un peu le trait, comme le fait André Comte-Sponville dans le livre que je viens de citer, dire que, à la différence d'*éros*, *philia* se réjouit de la présence de l'autre, non de son absence. *Philia* n'a pas besoin de l'absence pour exciter le désir car cet amour-là n'est pas vraiment de l'ordre du désir. *Philia*, c'est exactement le sentiment qu'on éprouve lorsqu'on croise par inadvertance quelqu'un dans la rue, un ami qu'on n'a pas vu depuis un certain temps, et, le hasard faisant bien les choses, qu'on se retrouve nez à nez, face à face. Alors, le sourire nous vient aux lèvres avant tout calcul – c'est une expérience que, je crois, tout le monde connaît. C'est ça, la gratuité de *philia* : on est heureux, tout simplement, de l'existence de l'autre, de sa simple présence, avant tout calcul, toute rationalité, avant de savoir si on va se donner un rendez-vous la semaine prochaine, échanger un numéro de téléphone qu'on a perdu, aller boire tout de suite un café pour prendre des nouvelles, que sais-je encore. Avant toute raison calculante, *philia* se réjouit de l'existence, de la présence de l'être aimé. D'ailleurs, quand on croise par hasard quelqu'un qu'on exècre – la haine est comme toujours le revers de l'amour –, on fait exactement la même chose, mais à l'inverse : on change de trottoir et on ne se réjouit pas, le visage se fronce et se referme au lieu que le sourire apparaisse.

AGAPÈ OU L'AMOUR CHRÉTIEN

Venons-en maintenant à *agapè*. *Agapè*, c'est encore un pas de plus dans la gratuité, dans un écart non seulement par rapport au désir de possession, mais aussi à toute forme de raison rentabiliste. *Agapè*, ce n'est pas l'amour qui prend et qui consomme, comme *éros* ; c'est l'amour qui donne, qui rend ce qu'il a reçu. C'est l'idée d'*agapè* : rendre ce qu'on a reçu, donner. Dans la perspective chrétienne : rendre aux autres hommes cet amour qu'on est censé avoir d'abord reçu de Dieu, comme l'explique l'encyclique que Benoît XVI a consacrée aux rapports d'*éros* et d'*agapè*. Mais si l'on n'est pas croyant, l'idée demeure, *agapè* continue de faire sens en tant qu'amour qui se soucie de l'autre autrement que pour le prendre et l'instrumentaliser. C'est un amour qui nous pousse vers la sortie de soi, vers la mise entre parenthèses de notre « cher Moi » : on met son *ego* entre parenthèses pour aller vers l'autre. En quoi *agapè* a, même pour un non-croyant comme moi, une dimension, sinon religieuse, du moins spirituelle, au sens où l'autre apparaît comme transcendant, comme extérieur et supérieur à nous. Dans la tradition chrétienne, il n'est pratiquement pas question de *philia*, d'*éros* à peine plus. C'est vraiment dans les Évangiles, écrits en grec, que le concept d'*agapè* prend toute sa dimension, qui va en principe jusqu'à l'amour de l'ennemi. Qu'est-ce que cela signifie, au fond ? Comment interpréter cette notion d'amour de l'ennemi ? A-t-elle véritablement du sens ?

Aimer son ennemi

Quand j'étais enfant et que ma mère m'envoyait au catéchisme, j'avais la chance d'avoir affaire à des prêtres ouvriers, des gens magnifiques qui nous expliquaient les grands concepts du christianisme de manière vécue, crédible (ce qui ne m'a pas empêché de perdre la foi à l'âge de sept ans) ; ils nous disaient qu'*agapè*, l'amour tel que Jésus l'avait enseigné, était un amour qui devait pouvoir aller jusqu'à l'amour de l'ennemi. Je dois avouer que, pendant très longtemps, pendant des dizaines d'années à vrai dire, j'ai pensé qu'il s'agissait d'un « discours de curés », de propos bien gentils, mais qui n'avaient aucun sens dans la réalité. Je ne voyais pas – c'était au lendemain de la guerre – comment, par exemple, les juifs pouvaient aimer leurs bourreaux. Et puis, le jour où j'ai eu des enfants, j'ai commencé à comprendre que l'idée d'un amour de l'ennemi pouvait avoir un embryon de signification – non que nos enfants soient comparables à des bourreaux (encore que...), mais on les aime de toute évidence par-delà l'inimitié dont ils peuvent, comme tout être humain, parfois témoigner. Lorsqu'ils deviennent insupportables, qu'ils nous infligent des colères terrifiantes – ces colères qu'ils ont en général de manière soudaine et pas toujours compréhensible vers deux ou trois ans (si les yeux des enfants étaient des mitraillettes, l'humanité aurait certainement disparu depuis longtemps), nous continuons, nous, parents, à les aimer tout autant que quand ils sont « gentils » : par-delà les bouffées de haine et de colère, l'amour demeure. « Laissez venir à moi les petits enfants », dit souvent le Christ. J'ai pensé, après coup, que cette métaphore des petits enfants avait un sens plus profond que je ne l'avais imaginé par rapport à cette problématique d'*agapè*.

Un jour, un de mes jeunes lecteurs m'a adressé un texte d'Albert Cohen, ce grand écrivain qui est l'auteur notamment d'un livre qui a eu un succès considérable dans les années 1970, *Belle du Seigneur*. Albert Cohen est juif, il a écrit des *Carnets* et il y a, dans ces *Carnets*, un passage tout à fait fascinant, remarquablement écrit aussi d'un point de vue littéraire et très profond sur le plan philosophique, qui est une magnifique illustration de ce que les chrétiens entendent par *agapè*. C'est un passage consacré justement à l'ennemi par excellence, en l'occurrence Pierre Laval. Albert Cohen parle de cet ennemi, collaborateur et antisémite, mais il en parle avec *agapè*, avec cet amour chrétien. Je voudrais vous citer ce texte parce que c'est un des plus beaux qu'il m'ait été donné de découvrir sur la signification d'*agapè*, même si c'est un texte écrit par quelqu'un qui ne se situe pas, a priori, dans la tradition chrétienne. Voici ce qu'écrit Albert Cohen à propos de Pierre Laval en prison :

> Lorsque je suis devant un frère humain, je le regarde et soudain je le connais, et soudain étrangement je lui

ressemble, je suis lui, pareil à lui, son semblable. [...] Et parce que, en quelque sorte, je suis l'autre, je ne peux pas ne pas avoir pour lui, non certes l'amour que j'ai pour mes bien-aimés, mais une tendresse de connivence et de pitié.

Quelle est cette étrange tendresse de pitié lorsque j'imagine Pierre Laval dans sa prison ? Je l'imagine, je le connais et je deviens étrangement lui, pauvre méchant avide d'éphémère puissance. Oui, il a été chef de la milice et serviteur des nazis, oui il a fait du mal à mes frères juifs et il a fait peur à ma mère, et il a envoyé à la mort des enfants coupables d'être nés de mon peuple. Oui, au temps où il était puissant et malfaisant, il méritait la mort, une mort rapide et sans souffrance. Mais maintenant il est abandonné de tous et honni, il est dans sa prison, et il va être jugé. Je l'imagine, et je le vois, et je suis lui soudain. Je le vois en sa cellule de prison, et il a mal, il a mal dans l'asthme de sa poitrine et, en quelque singulière sorte, de ma poitrine. Il souffre et je le vois vaincu. Je vois son visage défait, son visage malade et avili d'homme perdu, et qui le sait. [...] Et j'ai soudain mal que le prisonnier Laval ait mal, étendu à plat ventre sur le ciment de sa cellule dépourvue de siège, étendu à feuilleter le dossier de son procès. Il est vaincu l'ancien victorieux [...], triste lamentable canaille allongée [...] à écrire des notes pour sa défense, dans l'espoir désespéré qu'on ne le tuera pas. Et soudain [...] il sait qu'on le tuera, lui, l'ancien petit enfant Pierre, l'ancien victorieux ministre à blanche cravate. [...] Ô son malheur transpirant sur le ciment de la cellule, et il est seul en sa cellule, seul sans sa femme et sans sa fille qu'il aimait, seul en son malheur, et de tous honni. [...] Comment ne pas pardonner à ce malheureux soudain si proche, soudain mon semblable [1] ?

---

1. Albert Cohen, *Carnets 1978*, Paris, Gallimard, 1979, « 22 août 1978 ».

Où l'on voit au passage le lien qui unit *agapè* et le pardon. Il me semble qu'Albert Cohen touche juste. Quand on voit aujourd'hui les images de ces tyrans, dont certains n'avaient rien à envier à Pierre Laval, lorsqu'on voit par exemple Saddam Hussein sortant tout gris, tout poussiéreux de son trou à rats, lorsqu'on voit les époux Ceausescu mitraillés, lorsqu'on assiste à la pendaison de Saddam, on comprend parfois le sentiment qu'éprouve, me semble-t-il, Albert Cohen pour Pierre Laval. Le sentiment que l'ennemi, une fois à terre, si ignoble qu'il ait été, redevient potentiellement un frère humain, et c'est là à mes yeux une des plus belles images qu'on puisse donner d'*agapè*.

> « Agapè *est en tout point le contraire d'*éros *: ce n'est pas l'amour qui prend et qui consomme, mais celui qui laisse l'autre exister.* »

L'amour désintéressé

Simone Weil – la philosophe –, dans *La Pesanteur et la Grâce*, avait elle aussi trouvé une métaphore très forte pour parler d'*agapè* en évoquant la conception juive de la création du monde, ce qu'on appelle dans la théologie juive le *Tsimtsoum* : Dieu aurait créé le monde non pas par une espèce de surpuissance, par une sorte d'excroissance de lui-même, comme ces jets de matière en fusion que rejette sans cesse le soleil, mais, au contraire, il l'aurait créé en se retirant, comme la mer se retire avec la marée pour laisser apparaître le sable. Dieu s'est fait manque d'être pour qu'il y ait de l'être, il s'est pour ainsi dire affaibli pour laisser place aux autres, il s'est retiré pour laisser l'altérité des créatures prendre leur place. Où l'on voit en quoi *agapè* est en tout point le contraire d'*éros* : ce n'est pas l'amour qui prend et qui consomme, l'amour jaloux, possessif et dominateur, la passion qui envahit tout, qui veut régner en maître. Non, c'est un amour qui laisse l'autre exister, qui se retire, qui s'affaiblit pour lui laisser une place en ce monde.

Création du monde et des créatures par Dieu, par amour, amour gratuit par excellence, amour désintéressé, c'est ça *agapè*, et il n'est pas inintéressant de voir que deux penseurs juifs, Albert Cohen et Simone Weil, avaient si bien cerné cette problématique, qui semble chrétienne au premier chef, mais qui, en vérité, remonte au Lévitique (XIX), où figure déjà, mille cinq cents ans avant le Christ, cette injonction d'« aimer son prochain comme soi-même ».

La théologie du mariage

Avant de voir quelle signification *agapè* peut recevoir dans une perspective laïque, examinons encore comment il est compris dans le monde chrétien. Le meilleur guide, ici, est sans doute la première encyclique de Benoît XVI, tout entière consacrée à l'analyse des liens difficiles d'*éros* et d'*agapè*. Benoît XVI, dans cette encyclique, part d'une citation de la première Épître de Jean : *O Theos agapè estin*, ce que le latin traduit par *Deus caritas est* et le français par « Dieu est amour ». Dans cette encyclique, assez audacieuse, Benoît XVI développe trois idées directement liées à notre question.

LA PROMESSE DE BONHEUR D'*ÉROS*

Première idée : *éros* tout seul, livré pour ainsi dire à lui-même, est déjà paradoxalement une quête du divin, une préfiguration d'*agapè*. Le message peut paraître étonnant de la part de Benoît XVI. Il ne correspond pas à ce qu'on attendrait, nous qui sommes habitués à la vulgate nietzschéenne qui prétend toujours que le christianisme a « empoisonné *éros* » – c'est la formule même de Nietzsche.

Dans *éros*, il y a déjà, telle est l'analyse du pape, comme la promesse d'un bonheur situé dans l'autre. On attend de l'autre personne une forme de joie qui nous sort de la vie quotidienne, de ce qu'on vit ordinairement dans l'existence de tous les jours. Bien entendu, *éros* livré à lui-même est loin d'être seulement quête du divin ! C'est aussi l'instrumentalisation ou, pour parler comme les philosophes, la *réification* de l'autre – étymologiquement, le mot « réification » signifie « transformation de l'autre en chose » (du latin *res*, la chose). La quintessence d'*éros* livré à lui-même, c'est la prostitution, voire la perversion sexuelle qui transforme radicalement l'autre en objet. C'est le contraire de l'impératif catégorique kantien qui nous recommande – tel est le principe fondamental de la morale kantienne – de traiter l'autre toujours comme une fin et jamais seulement comme un moyen. *Éros* seul ne traite l'autre que comme un moyen de satisfaction de soi, en quoi l'archétype d'*éros* isolé, c'est la prostitution. Mais ça peut aller encore plus loin – je disais la perversion –, jusqu'à la pornographie poussée à son comble. Benoît XVI en donne l'exemple en évoquant les Dionysies, les Bacchanales, ces fêtes organisées en Grèce en l'honneur de ce dieu étrange et inquiétant, dieu métis de la fête, du vin et de la folie qu'est Dionysos [**3**]. Il faut rappeler que ces Dionysies ont vraiment existé et qu'elles étaient atroces. Non seulement toutes les formes de sexualité y étaient pratiquées allègrement, toutes les formes de perversion aussi, mais le sadisme y était omniprésent. On déchiquetait des petits animaux vivants, mais aussi des enfants, des nourrissons auxquels on arrachait les bras, les jambes, enfin tout ce qu'on peut arracher à un être humain. Ces Dionysies allaient terriblement loin dans la transformation de l'autre en objet. C'est la quintessence d'*éros* : *éros* va beaucoup plus loin que la prostitution. Laissé à lui tout seul, il devient véritablement abject, mais en même temps, dit Benoît XVI, *éros* cherche Dieu. Encore une fois : dans *éros*, il y a une promesse de bonheur qui dépasse tout ce qu'on trouve dans la vie ordinaire, quotidienne, et une promesse de bonheur qui est liée malgré tout à la présence de l'autre.

LA RÉCONCILIATION D'*ÉROS* ET *AGAPÈ*

Deuxième idée : bien évidemment, l'idéal – et pour le coup, on n'attend pas autre chose du pape –, c'est la réconciliation d'*éros* et d'*agapè*. Mais Benoît XVI va très loin dans cette théologie de la réconciliation des deux formes d'amour. Je préfère lui laisser la parole. Je cite tout simplement son texte, qui est d'une clarté parfaite, mais qui pourrait presque passer pour un plaidoyer en faveur du mariage des prêtres – vous allez voir pourquoi, je le dis un peu *cum grano salis*, mais pas entièrement :

> L'homme devient vraiment lui-même quand le corps et l'âme se trouvent dans une profonde unité ; le défi de l'éros est vraiment surmonté lorsque cette unification est réussie. Si l'homme aspire à être seulement esprit et qu'il veuille refuser la chair comme étant un héritage simplement animal, alors l'esprit et le corps perdent leur dignité. Et si, d'autre part, il renie l'esprit et considère donc la matière, le corps, comme la réalité exclusive, il perd également sa grandeur. [...] C'est seulement lorsque les deux se fondent véritablement en une unité que l'homme devient pleinement lui-même. C'est uniquement de cette façon que l'amour – l'*éros* – peut mûrir, jusqu'à parvenir à sa vraie grandeur.

Je saute quelques lignes. Une fois qu'*éros* et *agapè* sont réconciliés – l'amour qui prend et l'amour qui donne, ou qui rend ce qu'on lui a donné –, voici comment Benoît XVI continue son encyclique :

> Même si, initialement, l'*éros* est surtout sensuel, ascendant – fascination pour la grande promesse de bonheur –, lorsqu'il s'approche ensuite de l'autre, il se posera toujours moins de questions sur lui-même, il cherchera toujours plus le bonheur de l'autre, il se préoccupera toujours plus de l'autre, il se donnera et il désirera « être pour » l'autre. C'est ainsi que le moment de l'*agapè* s'insère en lui ; sinon, l'*éros* déchoit et perd aussi sa nature même.

Je disais, *cum grano salis*, que ce serait un beau plaidoyer pour le mariage des prêtres, puisque, au fond, ce que dit Benoît XVI, c'est que, de même qu'*agapè* sans *éros* est vide, *éros* sans *agapè* est aveugle, pour parodier une formule kantienne célèbre. Par conséquent, l'homme n'est véritablement digne, l'humain n'est véritablement humain que lorsque les deux formes d'amour sont en lui réconciliées. Il y a là quelque chose d'assez audacieux, voire d'étonnant de la part du pape, qui, d'ailleurs, ne cesse de dire qu'il rejette l'interprétation nietzschéenne du christianisme selon laquelle il serait fondé sur une « horreur de la chair » [4]. Non, nous dit le pape, *éros* est bien légitime, il est bien là, avec son droit de cité. Du reste, sans *éros*, l'humanité disparaîtrait. Il s'agit simplement de l'associer à *agapè*.

« L'homme n'est véritablement digne, l'humain n'est véritablement humain que lorsque les deux formes d'amour, éros *et* agapè, *sont en lui réconciliées. »*

LE SENS DU MARIAGE

Cette association – c'est la troisième idée –, cette réconciliation d'*éros* et d'*agapè*, donne tout son sens au mariage, un mariage qui, dans la mesure où il est une promesse de fidélité, c'est-à-dire d'exclusivité, mais aussi d'éternité (on ne se marie jamais à l'église qu'une seule fois dans sa vie, car on s'y engage pour l'éternité et pour une seule personne), apparaît comme une espèce d'équivalent humain du monothéisme. Le pape met en relation « monogamie » et « monothéisme », l'un étant pour ainsi dire le reflet de l'autre dans le monde humain.

J'ajouterai une chose, que j'ai déjà eu l'occasion de développer dans la leçon consacrée au christianisme, c'est que le mariage, dans la tradition chrétienne, est aussi un moyen de dépasser l'idée qu'on trouve chez les bouddhistes ou déjà chez les stoïciens, selon laquelle l'amour d'attachement serait illégitime. Souvenez-vous, nous avions aussi analysé ce thème dans la leçon consacrée aux stoïciens et aux bouddhistes, avec cette fameuse notion qui leur est commune du « non-attachement » : si on s'attache à des êtres, quels qu'ils soient, qu'il s'agisse de personnes ou d'objets, on pèche par folie, par le contraire de la sagesse, car toute vie est impermanence. Tout change, tout finit toujours par mourir et, dans ces conditions, s'attacher, c'est forcément se préparer les plus grandes souffrances qui soient, puisque la séparation sera toujours la règle de la vie humaine. On a beau adorer son enfant, on a beau adorer ses parents, ses amis, ses femmes ou ses maris, ses amants ou ses maîtresses, un jour ou l'autre, ils nous seront retirés ou nous leur serons retirés. La vérité de la vie, c'est la séparation. En quoi le sage authentique est d'abord celui qui ne s'attache pas. Oui, c'est vrai, disent les chrétiens. Pascal le dit, saint Augustin aussi : l'amour d'attachement est dangereux. Sauf, justement, dans le mariage. Pourquoi ? Parce que, dans le mariage, on s'attache l'un à l'autre sous l'égide d'un troisième terme, qui est Dieu. On s'attache en Dieu – c'est ce que saint Augustin appelle pour cette raison l'« amour *en* Dieu » – et dans cet amour en Dieu rien ne se perd. Je vous rappelle ce petit texte de saint Augustin, extrait des *Confessions*, qui le dit de manière limpide :

> Heureux celui qui vous aime, et son ami en vous et son ennemi à cause de vous ! Seul, il ne perd aucun être cher, l'homme à qui tous sont chers en Celui qu'on ne perd jamais [1].

C'est aussi ce thème majeur qui est à l'origine de la théologie du mariage. Il libère en quelque sorte la possibilité de l'amour d'attachement, puisque rien ne se perd dans cet amour réconcilié, pourvu qu'il soit situé dans cette colonne de salut qu'est la foi qui nous relie au divin. À l'inverse, le diable, ce *diabolos* tout pétri de haine, est précisément celui qui tente par tous les moyens de nous séparer non pas simplement entre nous, petits humains, mais avant tout d'avec Dieu, d'avec la foi, de telle sorte que nous soyons voués à la

---

1. Saint Augustin, *Les Confessions*, Paris, GF-Flammarion, 1964, IV, IX, p. 74.

séparation éternelle, c'est-à-dire à la solitude, la désolation de l'enfer. À la pointe ultime de cette théologie de l'amour dans le mariage apparaît ainsi la promesse chrétienne de la résurrection des corps. J'y insiste : pas simplement des âmes, mais bel et bien de la personne tout entière, corps et âme. C'est cette promesse qui est au cœur du fameux épisode de la résurrection de Lazare : nous allons retrouver après la mort ceux que nous avons aimés en cette vie. Et, dans cette perspective, l'amour d'attachement, qui était prohibé par les stoïciens et les bouddhistes, redevient possible, à condition que cet attachement soit, comme nous venons de le voir, relié au divin et protégé par lui pour l'éternité.

L'AMOUR CHRÉTIEN DANS LA PHILOSOPHIE

J'en viens maintenant – c'est finalement l'essentiel de cet exposé, mais il fallait tout de même dire d'abord ce que signifiait *agapè* dans la tradition chrétienne et pour les croyants – à ce que peut signifier *agapè* pour les non-croyants, autrement dit à la façon dont l'idée d'*agapè* s'est introduite dans la philosophie. J'aurais pu prendre beaucoup d'exemples, puisque cet héritage chrétien est très ancien, mais j'ai choisi celui du romantisme et de l'idéalisme allemands, parce que c'est, me semble-t-il, à ce moment-là – au début du XIXe siècle – que la notion d'*agapè* va prendre vraiment toute son ampleur dans la pensée laïque.

L'EXEMPLE DU SERMON SUR LA MONTAGNE

C'est ce qu'on voit au mieux, à mon sens, dans les premières œuvres de Hegel, en particulier dans un petit texte de jeunesse vraiment magnifique même s'il est extrêmement difficile à lire, *L'Esprit du christianisme et son destin*. C'est un ouvrage écrit à une époque où Hegel est encore très influencé par le romantisme. Il y donne un commentaire de ce que saint Augustin le premier a appelé le « Sermon sur la montagne » [5]. Le Sermon sur la montagne, c'est ce fameux passage de l'Évangile de Matthieu (V, 17-20) qui suit immédiatement les Béatitudes. Quel en est le thème ? Alors qu'il parcourt la Galilée pour s'adresser à ceux, de plus en plus nombreux, qui le suivent et viennent l'écouter, Jésus s'installe sur un promontoire, une petite colline, pour être entendu de tous, et commence son discours. Je vous cite l'Évangile de Matthieu (on trouve un passage parallèle, mais plus bref, dans l'Évangile de Luc), en précisant que Jésus s'adresse d'abord ici aux juifs orthodoxes, aux saducéens, aux pharisiens et aux scribes :

> « Ne croyez pas que je sois venu pour abolir la loi ou les prophètes ; je suis venu non pour abolir, mais pour accomplir. Car, je vous le dis en vérité, tant que le ciel et la terre ne passeront point, il ne disparaîtra pas de la loi un seul iota ou un seul trait de lettre, jusqu'à ce que tout soit arrivé. Celui donc qui supprimera l'un de ces plus petits commandements, et qui enseignera aux hommes à faire de même, sera appelé le plus petit dans le royaume des cieux ; mais celui qui les observera, et qui enseignera à les observer, celui-là sera appelé grand dans le royaume des cieux. Car, je vous le dis, si votre justice ne surpasse celle des scribes et des pharisiens, vous n'entrerez point dans le royaume des cieux. »

« Je ne suis pas venu pour abolir la loi » : la loi, c'est bien sûr ici la loi juive traditionnelle, à commencer par le Décalogue, par les Dix Commandements. Jésus n'est pas venu pour abolir la loi, mais au contraire pour la remplir.

Qu'est-ce qui va la remplir ? Évidemment, vous l'aurez compris, c'est *agapè*, l'amour, mais l'idée, par-delà l'apparence, ne va pas de soi, elle suppose même un assez long développement, et je crois que Hegel, dans son commentaire du Sermon, a parfaitement saisi le message du Christ. Il en dégage la vérité. Il faut d'ailleurs rappeler que, avant d'être philosophe, Hegel était essentiellement théologien. L'enjeu, ici, est de dépasser le judaïsme orthodoxe – je ne sais pas d'ailleurs s'il faut dire orthodoxe ou intégriste. Il n'est pas inutile, pour bien comprendre l'analyse hégélienne, de préciser le contexte de cette polémique, car c'est bien d'une polémique qu'il s'agit, avec les juifs traditionalistes, les pharisiens et les saducéens. Il ne s'agit évidemment pas – ce serait absurde de présenter les choses ainsi – d'une polémique d'un chrétien contre les juifs : le christianisme n'existe pas à l'époque et Jésus est un rabbin. D'ailleurs, dans notre livre commun, le cardinal Ravasi, mon coauteur, l'appelle souvent le « rabbin de Nazareth ». Jésus est un sage juif. Que vise donc Jésus dans le judaïsme orthodoxe ? Le contexte de la querelle a été fort bien analysé dans un livre qui m'a beaucoup éclairé et que je ne peux pas ne pas citer, à savoir l'ouvrage de Daniel Marguerat et Éric Junod, *Qui a fondé le christianisme ?*[1] – il faut toujours rendre à César ce qui est à César… Marguerat, notamment, y montre comment le débat qu'ouvre Jésus dans le Sermon sur la montagne est un débat interne au judaïsme de l'époque : ce n'est pas une opposition entre chrétiens et juifs, bien évidemment, mais entre un certain judaïsme qu'incarne Jésus en tant que rabbin et un autre judaïsme, incarné par des traditionalistes qui sont d'ailleurs eux-mêmes opposés entre eux, pharisiens d'un côté, saducéens de l'autre. Pour mieux comprendre, il faut savoir que Hegel a sous les yeux le texte d'un grand historien juif, Flavius Josèphe, du Ier siècle (après Jésus-Christ, évidemment, puisque justement, c'est une des rares œuvres à parler du Christ pour attester de son existence) : les *Antiquités juives*, document fort précieux qui lui sert de base pour comparer le

1. Voir bibliographie.

christianisme et le judaïsme, à côté, bien évidemment, de la Bible elle-même, que Flavius Josèphe ne cesse de commenter (à son époque, le Talmud n'existe pas encore).

Où se situe, en l'occurrence, la pomme de discorde ? Ce que Jésus va opposer aux traditionalistes n'est en fait qu'un autre élément du judaïsme, à savoir le Lévitique, XIX : « Aime ton prochain comme toi-même. » Mille cinq cents ans avant le Christ, le message sans doute le plus célèbre de l'Évangile est déjà là, l'amour déjà présent comme moyen de remplir la loi, d'accomplir la loi – on va voir comment. Donc, ne vous y trompez pas (ce serait d'autant plus fâcheux que cette erreur est une des sources de l'antijudaïsme chrétien), il ne s'agit pas, encore une fois, d'un conflit entre chrétiens et juifs, mais bel et bien d'un conflit interne au judaïsme, Jésus rappelant le Lévitique contre ceux qui veulent accomplir la loi de manière simplement formelle et mécanique, sans que l'amour et l'intention soient présents dans son accomplissement.

La pureté et la souillure

Au fond, quel est le problème ? On va le retrouver en Marc, VII : c'est celui de la pureté et de la souillure, problème qui traverse en permanence le judaïsme de l'époque. Aux juifs orthodoxes, qui lui font observer que ses amis ne se sont pas lavé les mains avant de passer à table, observation qui insinue que Jésus n'est pas un bon juif, Jésus répond : « Rien de ce qui vient de l'extérieur ne peut vous souiller. » Autrement dit : les rites alimentaires n'ont aucune importance. Que vous mangiez de la viande casher ou pas, que vous mangiez ou pas des crevettes ou du lapin, tout cela n'a aucune espèce d'importance, l'essentiel est ailleurs. L'impureté ne peut venir que du cœur, le mal ne peut venir que de l'intention, que de l'intérieur. Donc, ne vous souciez pas de ce qui vient de l'extérieur, car, encore une fois, « Rien de ce qui vient de l'extérieur ne peut vous souiller ». Les interdits alimentaires, les rituels, Jésus ne s'en soucie pas, il s'en moque et, du reste, il n'y aura dans le christianisme aucune juridification de la vie quotidienne – ce qui permettra à la religion chrétienne de permettre plus aisément que les autres le passage à la laïcité. Renvoyant la question de la faute et du péché, comme celle de la pureté ou de la bonté au « forum intérieur », à la conscience, le christianisme, sauf ajouts de l'Église, tardifs et parfaitement inutiles, n'imposera pratiquement aucune règle de conduite vestimentaire, alimentaire ou autre dans l'existence de tous les jours.

En revanche, ce qui compte, c'est la manière ou, pour mieux dire, les intentions, les motifs au nom desquels on accomplit la loi. Là est la question fondamentale : est-ce qu'on va accomplir la loi, la remplir simplement par obéissance mécanique et formelle à un commandement qui s'oppose à notre nature, ou au contraire par un ressort intérieur ? Du reste, pourquoi la loi s'oppose-t-elle à notre nature, pourquoi prend-elle la forme d'un commandement, d'un impératif, d'un « Tu dois ! » impérieux ? Réponse : parce que notre nature est censée, dans la perspective du judaïsme orthodoxe, être égoïste et paresseuse, donc réticente, voire rétive à l'observance de règles morales qui viennent sans cesse la contrecarrer et l'entraver. Elle est animée aussi par la *libido dominandi*, la volonté de puissance et l'amour de concupiscence, de sorte qu'en effet la loi s'impose à nous comme un commandement, comme un « impératif catégorique », dira Kant (que Hegel assimile pour cette raison au judaïsme).

> *« Les interdits alimentaires, les rituels, Jésus ne s'en soucie pas, il s'en moque. Il n'y aura dans le christianisme aucune juridification de la vie quotidienne. »*

Dans la perspective que Jésus veut instaurer, la nature n'est plus l'ennemie. Elle peut être animée non par la paresse, la volonté de puissance et l'égoïsme, mais par les élans du cœur, par l'amour entendu comme une inclination naturelle, un « penchant naturel », pour parler comme Kant. Et, dans ce cas, c'est lui qui va venir spontanément remplir la loi, l'accomplir sans qu'il soit désormais besoin qu'elle prenne la forme d'un commandement, d'un impératif qui s'imposerait à une nature mauvaise et rebelle qu'il faudrait dresser comme on dresse un animal sauvage. Nul besoin, par exemple, d'édicter une loi pour qu'une mère qui aime son enfant le prenne dans ses bras quand il pleure, le nourrisse quand il a faim, l'allaite quand il a soif. Le penchant naturel, l'élan du cœur y pourvoit spontanément. Dans un langage plus abstrait, on dira que le particulier (le penchant naturel) se fait universel (il rejoint et remplit de lui-même la loi de la raison pratique), le sensible se fait intelligible, le matériel devient spirituel. Mais la loi reste la loi – le Décalogue, il n'y a pas à y toucher. Où l'on voit comment la question de savoir si la loi va être appliquée *contre la nature ou par elle* est bien la question centrale de ce fameux sermon.

DES RAPPORTS ENTRE LA NATURE ET LA LOI : QUATRE GRANDES PRISES DE POSITION

Sur cette question des rapports entre la loi et la nature, entre l'intelligible et le sensible, entre la forme impérative et son contenu, entre l'esprit et la lettre – toutes ces oppositions reviennent finalement au même –, il va y avoir, selon Hegel, quatre grandes positions dans l'Histoire. Pour comprendre celle de Jésus, qui est la quatrième, il faut avoir les trois autres à l'esprit.

NOÉ ET NEMROD SELON FLAVIUS JOSÈPHE

Tout commence dans la Bible, avec le fameux épisode du Déluge, et plus particulièrement avec deux personnages qui vont occuper un rôle crucial dans cette histoire : Noé et Nemrod – Nemrod, je vous le rappelle, est celui qui fait construire la tour de Babel. De quoi s'agit-il, et pourquoi partir du Déluge ?

Le Déluge, c'est, selon Hegel, le moment où la nature apparaît comme l'ennemie. Elle devient dévastatrice. Elle s'oppose à l'amour, détruit tout ce qu'on aime, humains, animaux, paysages… Elle détruit toute vie. La nature devient l'adversaire absolu. En quoi l'épisode du Déluge va jouer le rôle d'une scène primitive, d'un événement fondateur dans cette réflexion sur la séparation entre la loi et la nature. N'oubliez pas le fil conducteur. Il s'agit toujours de comprendre le sens du

Sermon sur la montagne qui part de cette question : est-ce la nature – en l'occurrence un penchant naturel, l'amour – qui va remplir la loi spontanément ou, au contraire, la loi doit-elle s'opposer à la nature, la contraindre sous la forme d'un impératif, d'un commandement, d'un « Tu dois » ? Deux positions apparaissent au sein du judaïsme ancien sur cette question : celles de Noé et de Nemrod.

« L'épisode du Déluge dans la Bible joue le rôle d'une scène primitive, d'un événement fondateur dans cette réflexion sur la séparation entre la loi et la nature. »

La double soumission de Noé

Commençons par Noé. Que fait-il après le Déluge ? Pour aller à l'essentiel – et je suis là l'interprétation de Hegel –, Noé va entrer dans la logique d'une double soumission. D'abord, il va se soumettre à Dieu, il va se plier sans réserve aucune à la loi divine en échange du service que Dieu lui rend en lui accordant la soumission totale de la nature à l'humanité. Les êtres humains vont devenir maîtres et possesseurs de la nature – pour parler comme plus tard Descartes. La nature va être totalement dominée par l'humanité, en échange de quoi l'humanité se soumet totalement à Dieu. Double soumission, donc : soumission de la nature à l'humanité et soumission de l'humanité à la loi divine, à une loi enracinée dans un Être suprême absolument transcendant, supérieur et extérieur aux hommes. Noé accepte donc de se soumettre à une forme d'hétéronomie radicale, le mot étant à entendre ici au sens étymologique, comme le fait que le *nomos*, la loi, nous vient d'un ailleurs absolu.

Cette double soumission signifie un double déchirement, une double « scission », pour parler comme Hegel, une scission entre l'humanité et un divin totalement transcendant par rapport à l'humain ; mais aussi une scission, un déchirement, entre l'humain et la nature. La nature, c'est l'ennemie, une entité qui n'a désormais d'autre statut que d'être utilisée et dominée. Il n'y a qu'une exception à cette domination, par ailleurs sans faille, un seul impératif à respecter, c'est le fameux : « Tu ne tueras point », le respect de la vie, y compris sous sa forme biologique, naturelle. Si un homme tue un autre homme, il mérite la mort, et Dieu lui enlèvera la vie. Mais ce commandement de ne pas tuer, du moins de respecter le vivant, vaut aussi partiellement pour les animaux, ce qui se traduit par la fameuse interdiction de consommer leur sang. C'est l'origine dc la *cacherout*, la viande casher : les hommes doivent s'abstenir de consommer le sang des animaux parce que le sang est le symbole de la vie et que la vie, même animale, doit être absolument respectée. Noé s'engage donc à respecter cette loi, en échange de quoi Dieu lui permet de dominer les végétaux et les bêtes, d'être le maître et possesseur de la nature. La nature reste l'ennemie, mais c'est désormais une ennemie muselée, dominée, dont on n'a plus rien à craindre, plus rien en tout cas qui puisse s'apparenter à cette catastrophe absolue qu'a été le Déluge.

Le résultat de ce double déchirement, c'est que le judaïsme, selon Hegel, prendra la forme de la conscience malheureuse. La conscience juive est malheureuse parce qu'elle s'installe dans une scission définitive, une scission qui exclut toute réconciliation possible non seulement entre les hommes et la nature, mais aussi entre les hommes et un Dieu tellement transcendant qu'on ne peut ni le nommer ni s'en faire la moindre représentation anthropomorphique.

Nemrod et la tour de Babel

Nemrod va pousser encore plus loin la logique de la scission. On pourrait discuter longuement l'analyse de Hegel – elle est très caricaturale et à vrai dire fort injuste –, le judaïsme a mille autres aspects dont Hegel, qui ne dispose comme source pour sa réflexion que des *Antiquités juives*, ne parle pas. Il y a notamment, dans le judaïsme, comme je l'évoquais tout à l'heure à propos du Lévitique ou de la doctrine du *Tsimtsoum*, une magnifique philosophie de l'amour. L'analyse hégélienne est donc à la fois partielle et injuste. Mais laissons ce débat de côté pour nous intéresser seulement à cette lecture hégélienne du judaïsme en tant que telle, en tant qu'elle est l'arrière-fond d'une lecture du Sermon sur la montagne qui, elle, en revanche, me semble profonde et juste.

Revenons donc à la figure de Nemrod. Je disais qu'il va beaucoup plus loin encore que Noé dans la scission, dans le déchirement, dans la logique de la conscience malheureuse. Pourquoi ? Parce que Nemrod est celui qui ne fait pas confiance à Dieu. Nemrod, à la différence de Noé, n'accepte pas la soumission au divin. Pourquoi ? Parce qu'il se dit au fond ceci – et Hegel se contente de suivre ici presque mot à mot ce qu'on trouve de manière parfaitement explicite dans les *Antiquités juives* : ce n'est pas la nature en tant que telle qui est hostile, car finalement, dans le Déluge, c'est Dieu qui l'a utilisée pour détruire l'humanité. C'est lui qui a jugé que l'humanité était si corrompue qu'il fallait tout recommencer à zéro, à partir d'un couple de justes, Noé et sa femme, mais en détruisant tout le reste. Dieu est bel et bien l'auteur d'un immense génocide ! C'est lui qui nous a été hostile, pas la nature, qui n'a fait que lui obéir, en quoi on ne peut guère lui faire confiance. Que fait alors Nemrod, justement parce qu'il n'a plus confiance en cet Être suprême ? Il refuse, à l'inverse de Noé, de se soumettre à Dieu et fait construire une gigantesque tour, la tour de Babel, censée être si haute que, si jamais il y avait un nouveau Déluge, les humains pourraient s'y réfugier et se protéger seuls, sans aide extérieure, sans besoin de protection divine. Les hommes vont donc entreprendre de dominer la nature, mais directement, par eux-mêmes, sans passer par l'intermédiaire de Dieu.

> *« La construction de la tour de Babel symbolise la plongée du judaïsme dans un triple déchirement : hostilité de Dieu, de la nature et des humains entre eux par la multiplication des langues. »*

Le symbole de cette domination, c'est le fait que Nemrod est le grand chasseur par excellence. C'est l'image qui lui est attachée depuis la Bible. Flavius Josèphe y insiste longuement dans les *Antiquités juives* : Nemrod est avant tout le chasseur, celui qui aime tuer les animaux et dominer ce que la nature a de plus rebelle. Bien entendu, Dieu va punir Nemrod. Après avoir un peu hésité, il se dit que provoquer un nouveau

Déluge n'a guère de sens puisque le premier, finalement, n'a servi à rien : la leçon n'a pas été entendue et les hommes sont toujours aussi arrogants, voire plus désobéissants que jamais. Dieu va donc les punir, comme vous le savez, en séparant les humains d'avec eux-mêmes, en les plongeant dans cette multiplicité des langues – avant Babel, il n'y avait qu'une seule langue – que symbolise ce fameux *babil* qui est, selon Flavius Josèphe, à l'origine du nom de la tour : un « babil » différent pour chaque tribu, une différence qui va séparer l'humanité d'avec elle-même.

Si je résume, à la fin de l'histoire de Nemrod, le judaïsme se trouve ainsi plongé dans un triple déchirement : déchirement de l'homme avec Dieu – Dieu est non seulement un être transcendant mais un être désormais hostile, Dieu de colère et de punition ; déchirement des humains d'avec la nature – la nature reste l'ennemie qu'on essaie de dominer ; et, finalement, déchirement des humains d'avec eux-mêmes puisque, punis par Dieu, ils se trouvent séparés par des langues différentes, ne se comprennent plus entre eux. Triple déchirement, comble de la conscience malheureuse.

Le mythe de Pyrrha et Deucalion

La deuxième position qu'analyse Hegel est celle qu'il trouve dans la mythologie grecque, qu'il va opposer point par point au judaïsme en tant qu'elle est, selon lui, non pas le lieu d'un triple déchirement, mais au contraire d'une triple réconciliation, une espèce de symétrique inverse du judaïsme de Nemrod.

L'Épopée de Gilgamesh, *origine commune à l'épisode du Déluge*

Ce que vise Hegel, c'est le fameux mythe de Pyrrha et Deucalion qui, bien avant la Bible, met déjà en scène, et pratiquement dans les mêmes termes, l'épisode du Déluge. Il faut d'ailleurs rappeler qu'il existe, en l'occurrence, une origine commune au judaïsme et à la Grèce – nous l'avions d'ailleurs analysée dans une leçon antérieure sur *L'Épopée de Gilgamesh*, sans doute écrite au XVIIIe siècle avant Jésus-Christ, soit bien avant les mythes grecs et la Bible. Dans *L'Épopée de Gilgamesh*, on trouve déjà une description du Déluge semblable presque mot pour mot à celle qu'on trouvera plus tard dans la Bible et la mythologie grecque. Il y a donc trois versions du Déluge, mais la matrice commune, originelle, est celle de Gilgamesh. Elle annonce les deux autres jusque dans les détails : par exemple celui de l'oiseau qui revient avec une brindille dans le bec, des dieux qui en ont par-dessus la tête des humains qui se vautrent dans le péché et décident de les détruire par l'eau, puis sauvent un couple de justes et lui demandent de construire une arche, d'y abriter un couple de chaque espèce animale, etc. Tout cela figure dans *L'Épopée de Gilgamesh*, où un certain Utanapishti joue le rôle du juste, rôle que joueront plus tard Noé et Deucalion. Les dieux demandent explicitement à Utanapishti de reconstituer, après le Déluge, tout à la fois une humanité saine et pure et un règne animal semblable à celui d'avant la catastrophe.

La triple réconciliation dans le mythe grec

Le mythe de Pyrrha et Deucalion se trouve raconté pour la première fois en entier dans la IXe *Olympique* de Pindare. On le retrouvera plus tard, chez divers mythographes, par exemple dans la bibliothèque d'Apollodore, mais c'est, comme souvent, Ovide dans ses *Métamorphoses* qui en donne sinon la meilleure version, du moins la plus complète et la plus dramatique [**6**].

De quoi s'agit-il ? Zeus décide un jour d'aller visiter la terre pour voir à quoi ressemble l'humanité. Et que découvre-t-il ? Une humanité qui se vautre dans le péché, dans ce que les Grecs appellent l'*hybris*, l'orgueil, l'arrogance, la démesure la plus totale. Il va prendre gîte chez un roi, Lycaon, qui essaie de l'égorger pendant son sommeil et tente en outre de lui faire manger de la viande humaine : Lycaon tue un de ses prisonniers, le fait bouillir, rôtir et le lui sert à dîner. Zeus, évidemment, s'en aperçoit. Pour punir l'arrogant, il le transforme en lycanthrope – c'est de là, à ce qu'il paraît, que viendrait le mythe du loup-garou.

Lorsqu'il rentre sur l'Olympe, après avoir fait sa visite sur terre, Zeus, consterné par ce qu'il a vu, décide de faire périr l'humanité. Il envisage d'abord le feu, avec ses armes habituelles que lui ont données les Cyclopes et qui lui ont permis de remporter la guerre contre les premiers dieux, les Titans : la foudre, l'éclair et le tonnerre. Puis il se ravise et dit : « Si je fais brûler la terre, il est possible que le ciel s'enflamme, que l'éther tout entier prenne feu, que les flammes s'élèvent jusqu'à l'Olympe. » C'est alors qu'il décide de faire périr l'humanité par l'eau. Il déchaîne le Déluge.

Comme dans la Bible, et comme déjà dans l'épopée de Gilgamesh, Zeus sauve un couple de justes, Pyrrha, la femme, et Deucalion, le mari. Il leur fait construire une arche pour s'y réfugier, mais aussi pour y abriter un couple de chaque espèce animale. Les détails sont les mêmes que dans la Bible et dans l'épopée de Gilgamesh. Lorsque le Déluge cesse, que l'arche touche la terre ferme, que font Pyrrha et Deucalion ? Ils s'empressent d'aller se recueillir dans un temple dédié à la déesse de la justice, Thémis, pour lui demander aide et assistance. Thémis leur répond par ces paroles sibyllines : « Éloignez-vous du temple, voilez-vous la tête et jetez derrière vous les os de votre grand-mère. » Dans un premier temps, ils ne comprennent rien au message – comme toujours dans les oracles, les propos sont cryptés, c'est ce qu'on appelle des « paroles sibyllines », du nom de Sibylle, célèbre oracle. Ils réfléchissent un peu et finissent par comprendre : la grand-mère, c'est Gaïa. Gaïa, c'est la Terre, mère de toutes choses. Les os de la grand-mère, ce sont les cailloux. Alors, ils se voilent la tête – ce qu'on fait pour accomplir les sacrifices, pour conduire les cérémonies religieuses en Grèce. Quand Pyrrha jette un caillou derrière son épaule, une femme sort aussitôt de la terre ; quand Deucalion en fait autant, c'est un homme qui apparaît, de sorte qu'une nouvelle humanité prend vie ; une nouvelle humanité à l'image des os de Gaïa, c'est-à-dire des cailloux : elle est dure à la tâche, pure, saine, elle n'est pas gâtée comme l'était l'humanité d'avant.

Voyez ce qui se profile à l'horizon : une triple réconciliation. Là où le judaïsme s'achevait, chez Nemrod, par une triple scission, un triple déchirement, dans le mythe grec qui correspond au Déluge biblique, les humains se réconcilient entre eux, puisqu'ils sont bons, sains et purs. Mais ils vont en outre se mettre à cultiver la terre, de sorte qu'ils vont se réconcilier avec elle, avec ce que les Grecs appellent *Cosmos*, c'est-à-dire avec un univers qui, à la différence de la nature hostile de Noé et Nemrod, est un univers harmonieux, juste, beau et bon.

« Selon Hegel, la mythologie grecque, qu'il oppose au judaïsme et à son triple déchirement, est le lieu d'une triple réconciliation. C'est ce qu'il nomme la "belle totalité grecque". »

Donc, les humains se réconcilient entre eux et avec la nature ; mais, comme vous l'avez sans doute déjà compris, ils se réconcilient aussi avec les dieux, qui les ont aidés et se sont conduits avec eux de façon amicale : Thémis, Gaïa et finalement toutes les autres divinités du panthéon grec. Triple réconciliation qui fait que toute cette histoire se termine dans l'harmonie de ce que Hegel et les romantiques allemands appellent la « belle totalité grecque », un idéal tout à la fois de vie, d'amour et de beauté.

Kant et les Lumières

Troisième position, celle de l'*Aufklärung*, des Lumières, incarnée par Kant comme d'ailleurs par les républicains français. Je vais très vite, mais il est intéressant de voir que Kant et les républicains français vont représenter aux yeux des romantiques allemands une espèce d'avatar du judaïsme. Pourquoi ? Le judaïsme n'est-il pas pourtant caractérisé, aux yeux de Hegel du moins, par l'hétéronomie, comme nous l'avions vu, alors que le kantisme culmine dans l'exigence d'autonomie ? N'est-ce donc pas étrange de rabattre le kantisme sur le judaïsme ? Avec Kant, comme avec les républicains français – on pense ici à la création de l'Assemblée nationale –, la loi morale ou juridique est pour ainsi dire réintégrée dans le giron de l'humanité. Elle ne vient plus de Dieu, elle ne vient plus d'une source extérieure et supérieure aux hommes. Tout au contraire, elle vient de la raison humaine, de ce que Kant appelle la « raison pratique ». L'équivalent, dans le républicanisme français, c'est tout simplement la création de l'Assemblée nationale : l'Assemblée nationale est le lieu dans lequel la loi va être fabriquée par et pour les humains. On est donc bien à première vue dans l'« autonomie » – le mot désignant étymologiquement le fait de se donner à soi-même (*autos*) sa loi (*nomos*). Comme dira Rousseau, la vraie liberté, c'est « l'obéissance à la loi qu'on s'est prescrite ». C'est donc bien d'autonomie qu'il s'agit. On est passé, par rapport au judaïsme, d'une loi qui vient de l'extérieur, du divin radicalement transcendant, à une loi qui est produite par et pour les humains, par leur raison, qui détecte l'intérêt général, et par leur volonté, qui la fait advenir.

Pour autant, la scission entre la loi et la nature demeure. Elle a été intériorisée, certes, elle passe désormais à l'intérieur de l'homme, mais elle n'en subsiste pas moins. Du coup, elle continue de s'exprimer sous la forme d'un impératif catégorique, d'un commandement impérieux, d'un « Tu dois ! » (ou « Tu ne dois pas ! ») de telle sorte que l'être humain est toujours déchiré. Il est toujours conscience malheureuse. La nature reste hostile. La nature, c'est l'égoïsme, la paresse. Si je suis ma nature, les autres peuvent toujours courir avant que je m'occupe d'eux, l'altruisme n'a rien de spontané. L'altruisme est l'effet d'un impératif, d'un commandement qui suppose une vertu morale, un courage d'obéir à la loi en luttant contre sa nature, en résistant à ses penchants naturels vers l'égoïsme – en quoi le kantisme n'est perçu par les romantiques allemands que comme un avatar du judaïsme. Comme dira Hegel, la philosophie kantienne est « une philosophie pour juifs et pour juifs éclairés » (*für aufgeklärte Juden*). C'est en quelque sorte un judaïsme intériorisé. C'est d'ailleurs une des raisons pour lesquelles, je l'indique au passage, dans le judaïsme philosophique allemand, que ce soit dans l'École de Marbourg de Hermann Cohen, Cassirer et Natorp, ou encore dans l'École de Francfort, chez Adorno et Horkheimer par exemple, deux écoles profondément marquées par le judaïsme, Kant servira à nouveau de référence, d'« ouvre-boîte » contre Hegel. Comme dira Adorno, Kant a raison contre Hegel, il permet de rouvrir le système hégélien.

Kant a été maltraité par la philosophie de l'identité au même titre que le judaïsme, parce que ce système, le système hégélien, était incapable de penser la scission, la différence, l'altérité autrement que comme une négativité, quelque chose de malheureux, de négatif. Je laisse cet aspect des choses de côté, ce serait trop long à expliquer, mais c'est évidemment un point très important dans la compréhension de cet avatar du judaïsme qu'a été, aux yeux des romantiques allemands et de Hegel, la philosophie des Lumières, le républicanisme français et la philosophie de Kant en particulier.

JÉSUS ET LA SYNTHÈSE ENTRE LA NATURE ET LA LOI

Mais revenons à notre fil conducteur : tout ce détour par le judaïsme, la mythologie et le kantisme nous permet maintenant de mieux comprendre la quatrième position, celle de Jésus dans le Sermon. C'est celle qui va consister à faire d'*agapè*, l'amour chrétien par excellence, le principal moteur de la synthèse entre la nature et la loi, le trait d'union entre la nature et la loi.

La fin de l'hostilité naturelle

Donc, pas besoin d'un commandement, d'un impératif catégorique pour qu'une mère qui aime son enfant le nourrisse, le protège, le console. Pas besoin que la loi s'exprime sous la forme d'un « Tu dois » impérieux. Non que la loi soit mauvaise en tant que telle, son contenu demeure intact, on n'en change pas un iota, mais la loi disparaît comme impératif. Le message subsiste : il ne faut pas tuer, il ne faut pas mentir, il ne faut pas se parjurer, il ne faut pas tromper son mari, etc., mais c'est désormais l'amour qui est censé la remplir. Or les élans du cœur appartiennent bien à la nature, ce sont des inclinations, des penchants naturels. Où l'on voit que, grâce à l'amour, la nature cesse d'être hostile. La nature remplit spontanément la loi quand elle prend la forme de l'amour. C'est elle qui, d'elle-même, se fait loi. Réconciliation, donc, du sensible et de l'intelligible, du particulier et de l'universel, de la matière et de l'esprit, etc. Et cette réconciliation, c'est ce que les romantiques appellent la « vie » ou la « beauté ». Parce que la vie, c'est l'union de l'âme et du corps. Un vivant, c'est l'union des deux. Il n'y a pas de vie s'il n'y a pas à la fois un élan vital, un principe vital et un corps animé par ce principe vital. Il y faut l'intelligible et le sensible, l'âme et le corps, la nature et la raison, et c'est précisément l'amour qui sert de trait d'union.

> *« Grâce à l'amour, la nature cesse d'être hostile. Elle remplit spontanément la loi quand elle prend la forme de l'amour et, d'elle-même, se fait loi. »*

L'échec de Jésus

Il y aura, malgré tout, aux yeux de Hegel, un échec de Jésus symbolisé par sa mort. Pourquoi ? Parce que, dans la « réalité réelle », si je puis dire, dans le monde tel qu'il va, il n'y a qu'en la personne de Jésus que cette réconciliation entre la nature et la loi va véritablement s'opérer. Pour nous, pauvres pécheurs – sauf peut-être chez les saints, et encore, ils ne sont pas toujours saints toute leur vie –, chez nous, donc, la déchirure entre la loi et la nature aura une fâcheuse tendance à subsister de telle sorte que, malgré tout, pour nous, la loi continuera, la plupart du temps, à se présenter sous la forme d'un impératif. Quand je dis « la plupart du temps », cela signifie chaque fois que l'amour ne sera pas présent. Tel est l'échec, d'une certaine manière, de Jésus. Échec tout à fait relatif, parce que, en même temps, il nous lègue ce que Kant appellera un idéal, c'est-à-dire l'incarnation d'une idée dans une personne réelle : Jésus, c'est l'homme-Dieu, mais un homme-Dieu cependant idéal qui ne parviendra pas à se réconcilier lui-même avec la société de son temps, une société qui le mettra à mort et qui préférera sauver Barrabas, le voyou qui est à côté de lui. Il y a là quelque chose comme, à la fois, une réussite magnifique du message de Jésus et un échec de sa personne.

Conclure avec Hegel, Ovide et Flavius Josèphe

Je voudrais maintenant vous citer quelques extraits de *L'Esprit du christianisme et son destin*, ouvrage très difficile d'accès, comme je vous l'ai dit, mais dont je pense vous avoir donné malgré tout les principales clés qui vous permettront de le lire. Je vous citerai aussi la description du Déluge par Ovide et le texte de Flavius Josèphe consacré à Nemrod, afin que vous voyiez par vous-mêmes comment s'articulent les différents moments de l'exposé que je viens de faire.

Premier texte, donc, la description du Déluge, au début de *L'Esprit du christianisme et son destin*, par Hegel, et l'indication des raisons pour lesquelles ce Déluge apparaît comme le moment originel de la scission entre la loi et la nature :

> L'impression qu'avait faite le Déluge de Noé sur le cœur des hommes dut être une profonde déchirure et son effet fut la plus formidable perte de foi en la nature [...] qui, autrefois amicale et tranquille, sortait maintenant de l'équilibre de ses éléments, répliquait maintenant à la foi que le genre humain avait en elle avec l'hostilité la plus irrésistible, la plus indomptable, la plus destructrice et qui, dans son déchaînement, n'épargnait rien par une distinction de l'amour mais répandait partout une dévastation sauvage. L'histoire nous a transmis quelques phénomènes, quelques réactions à l'impression produite par ce crime universel contre l'homme perpétré par des éléments hostiles. Afin que l'homme pût subsis-

ter face aux déchaînements de la nature désormais hostile, il fallut la dominer [1].

« Désormais » fait évidemment allusion au Jardin d'Éden : avant la catastrophe, la nature était merveilleuse, on était en harmonie avec elle, c'était le fameux « Âge d'or ». Avec le Déluge, la scission entre l'humanité et la nature s'installe et le résultat de cette scission, c'est qu'il faut dominer la nature, soit avec l'aide de Dieu, comme Noé, soit avec l'aide des autres humains, comme Nemrod, c'est-à-dire par les moyens du bord et en défiant Dieu. Mais, de toute façon, il faut la dominer là où dans la mythologie, au contraire, on va se réconcilier avec elle et retrouver la belle totalité grecque.

Voici maintenant la description du Déluge dans *Les Métamorphoses* d'Ovide :

> Là où naguère les maigres chèvres broutèrent le gazon, maintenant les phoques informes viennent se poser. Les Néréides [qui sont des divinités marines] sous l'eau contemplent avec étonnement des parcs, des villes, des maisons. Les dauphins sont les hôtes des forêts, ils se jettent contre les branches et se heurtent aux chênes que le choc ébranle. Le loup nage au milieu des brebis. L'onde charrie des lions fauves, charrie des tigres. [...] Les êtres vivants, pour la plupart, sont emportés par l'onde ; ceux que l'onde a épargnés, succombent à un long jeûne, faute de nourriture [2].

Passons maintenant, après celle du Déluge, à la description de la stratégie de Nemrod, à la construction

1. Hegel, *L'Esprit du christianisme et son destin*, in *Premiers écrits (Francfort 1797-1800)*, trad. Olivier Depré, Paris, J. Vrin, « Textes philosophiques », 1997, p. 177.

2. Ovide, *Les Métamorphoses*, trad. Joseph Chamonard, GF-Flammarion, 1966, p. 49-50.

de la tour de Babel, description que j'emprunte, cette fois-ci, non plus à Hegel, mais au texte même de Flavius Josèphe :

> Celui qui les [les humains] exalta ainsi jusqu'à outrager et mépriser Dieu fut Nemrod, petit-fils de Cham, fils de Noé, homme audacieux, d'une grande vigueur physique ; il leur persuade d'attribuer la cause de leur bonheur non pas à Dieu, mais à leur seule valeur et peu à peu transforme l'état de choses en une tyrannie. Il estimait que le seul moyen de détacher les hommes de la crainte de Dieu, c'était qu'ils s'en remissent toujours à sa propre puissance. Il promet de les défendre contre une seconde punition de Dieu qui veut inonder la terre : il construira une tour assez haute pour que les eaux ne puissent s'élever jusqu'à elle et il vengera même la mort de leurs pères.
>
> Le peuple était tout disposé à suivre les avis de Nemrod, considérant l'obéissance à Dieu comme une servitude ; ils se mirent à édifier la tour avec une ardeur infatigable, sans se ralentir dans leur travail ; elle s'éleva plus vite qu'on n'eût supposé, grâce à la multitude des bras. Mais elle était si formidablement massive que la hauteur en semblait amoindrie. On la construisait en briques cuites, reliées ensemble par du bitume pour les empêcher de s'écrouler. Voyant leur folle entreprise, Dieu ne crut pas devoir les exterminer complètement, puisque même la destruction des premiers hommes n'avait pu assagir leurs descendants ; mais il suscita la discorde parmi eux en leur faisant parler des langues différentes, de sorte que, grâce à cette variété d'idiomes, ils ne pouvaient plus se comprendre les uns les autres. L'endroit où ils bâtirent la tour s'appelle maintenant Babylone, par suite de la confusion introduite dans un langage primitivement intelligible à tous : les Hébreux rendent « confusion » par le mot *babil*[1].

1. Flavius Josèphe, *Antiquités juives*, in *Œuvres complètes*, trad. Julien Weil, Ernest Leroux éditeur, 1900, I, IV, p. 26-27.

On mesure bien ici la différence entre Nemrod et Noé – et l'on voit aussi que Hegel n'invente rien, il se contente de suivre l'enseignement de Flavius Josèphe : Nemrod veut dominer la nature par lui-même, en défiant Dieu, alors que Noé, lui, obtenait la domination de la nature grâce à l'aide de Dieu et donc grâce à sa propre soumission à Lui, soumission qui lui permettait de devenir maître et possesseur de la nature.

Voici le commentaire que Hegel fait des textes que je viens de vous lire, c'est-à-dire à la fois des textes juifs et des textes grecs qui se rapportent à la mythologie du Déluge :

> Noé s'assura contre la puissance hostile en la soumettant, ainsi que lui-même, à un être plus puissant [c'est-à-dire à Dieu], et Nemrod en la domptant lui-même ; tous deux conclurent avec l'ennemi [c'est-à-dire la nature] une paix forcée par l'état de nécessité et éternisèrent ainsi l'hostilité [la nature est dominée mais elle reste hostile, perpétuellement menaçante, soit qu'on la domine par soi-même comme Nemrod, soit qu'on la domine avec l'aide de Dieu, comme Noé] ; aucun des deux ne se réconcilia avec cet ennemi comme l'avait fait un beau couple, Deucalion et Pyrrha, après leur déluge, qui invitèrent les hommes à refaire leur amitié avec le monde et à revenir à la nature, qui firent oublier l'état de nécessité et l'hostilité par la joie et la jouissance, qui conclurent une paix de l'amour, devinrent les fondateurs de belles nations et firent de leur temps la mère d'une nature régénérée conservant la fleur de sa jeunesse [1].

On voit ici comment Hegel oppose le triple déchirement sur lequel se clôt l'histoire de Nemrod – déchirement des hommes entre eux, avec Dieu et avec la

1. Hegel, *L'Esprit du christianisme et son destin*, *op. cit.*, p. 179.

nature – à la triple réconciliation sur laquelle se conclut au contraire l'épisode de Pyrrha et Deucalion : réconciliation des hommes entre eux, avec la nature et avec les dieux.

Je vous cite encore un dernier texte, qui permettra de mieux cerner la portée du Sermon sur la montagne. Après avoir dit qu'il était venu, non pas pour abolir la loi, qu'il n'en changerait pas un iota, mais pour la remplir (sous-entendu : par l'amour, par *agapè*), Jésus se met à examiner pratiquement un par un les commandements du Décalogue : « Tu ne tueras point », « Tu ne te parjureras point », etc., et montre comment il faut faire une différence entre un respect mécanique des commandements, une conformité seulement extérieure à la loi, et une conformité interne à la loi, qui s'opère par l'amour, non pas dans l'opposition nature-loi, mais dans la réconciliation, grâce à *agapè*, de l'amour et de la loi. Comme nous l'avons vu, c'est dans cette réconciliation que la forme impérative disparaît. Voici le texte de Hegel :

> Dans la description de ce royaume du ciel ne figure pas toutefois la suppression des lois, mais elles doivent être accomplies par une justice qui soit autre et plus totale que celle de la fidélité au devoir. L'incomplétude des lois trouve son accomplissement. Jésus dévoile alors le principe de cet accomplissement pour plusieurs lois. Ce principe, plus riche, peut être appelé le « penchant » à agir comme la loi l'ordonnerait, l'unité de l'inclination et de la loi grâce à laquelle celle-ci perd sa forme de loi. Cet accord avec l'inclination est le *pleroma* de la loi. Un être qui, pour s'exprimer autrement, est le complément de la possibilité, car la possibilité en tant qu'être pensé est l'objet, l'universel. [La possibilité, c'est la loi quand elle n'est pas encore remplie, pas encore actualisée, réalisée.] L'être est la synthèse du sujet et de l'objet dans

laquelle le sujet et l'objet ont perdu leur opposition, puisque le sujet et l'objet, la nature et la loi, ne s'opposent plus, réconciliés qu'ils sont par ce *pleroma* qu'est l'amour, qu'est *agapè*.

Par la suite, dans le Sermon, comme je vous le disais à l'instant, Jésus commente pas à pas le Décalogue, les différentes formulations de la loi. Par exemple, « Tu ne dois pas tuer » :

> Jésus oppose une vertu, disposition charitable [« charitable » est une allusion à *agapè*, bien sûr] qui, non seulement rend superflu ce commandement quant à son contenu, mais aussi supprime le commandement quant à sa forme, son opposition, en tant que ce qui ordonne à une réalité qui résiste, éloigne toute pensée de sacrifice, de destruction ou de soumission de l'âme. Elle est en même temps une plénitude vivante, plus riche que le froid commandement de la raison.

« Plénitude vivante » : on retrouve ici ce fameux « concept de vie » cher aux romantiques, parce que la vie, c'est bien l'union d'un principe vital et d'un corps matériel. Quand quelqu'un meurt, le corps reste là, intact pendant un certain temps : le corps est encore chaud, il est encore presque vivant, mais le principe intelligible, l'élan vital a disparu. Le vivant, qui était l'union des deux, s'est éclipsé. D'où cette métaphore de la vie qui apparaît ici.

Encore un petit passage de Hegel, parce qu'il est vraiment très clair :

> Mais comme, dans cet accomplissement des lois et de ce qui s'y rattache, le devoir, la disposition morale et le reste cessent d'être un universel opposé à l'inclination et que l'inclination cesse d'être un particulier opposé à la loi, cet accord est vie et, en tant que rapport de réalité distincte, cet accord est amour.

Où vous voyez à nouveau comment les mots « amour » et « vie » sont pratiquement synonymes.

Ces textes de Hegel sont significatifs de la façon dont la théologie chrétienne de l'amour, d'*agapè*, s'est introduite dans la philosophie laïque, au sein du romantisme puis de l'idéalisme allemands. La tradition chrétienne a ainsi légué aux non-croyants un héritage magnifique, même si cet héritage, dans la personne du Christ, a pris, comme je le disais tout à l'heure, la forme d'un idéal davantage que d'une réalité. Mais quand l'amour est là, nous reconnaissons tous cette expérience que décrit Jésus dans le Sermon sur la montagne, ce sentiment que la loi devient superflue, que l'accomplissement de la loi n'a plus besoin de prendre la forme d'un commandement, d'un impératif, remplie qu'elle est par un penchant naturel, par un élan du cœur.

EXTRAITS

1. La concupiscence de la chair

Saint Augustin, *Les Confessions*, trad. Joseph Trabucco, Paris, GF-Flammarion, 1964, X, XXX, p. 231-232.

Vous me commandez assurément de réprimer « la concupiscence de la chair, la concupiscence des yeux et l'ambition du siècle ». Vous avez défendu les unions illégitimes, et quant au mariage, bien que vous l'ayez permis, vous avez enseigné qu'il existe un état qui lui est préférable. Et, avec votre grâce, j'ai opté pour cet état avant même de devenir le dispensateur de votre sacrement. Mais elles vivent encore dans ma mémoire, dont j'ai longuement traité, les images de ces voluptés : mes habitudes de jadis les y ont gravées. Elles s'offrent à moi, sans force à l'état de veille ; mais dans le sommeil, elles m'imposent non seulement le plaisir, mais le consentement au plaisir et l'illusion de la chose même. Ces fictions ont un tel pouvoir sur mon âme, sur ma chair, que, toutes fausses qu'elles sont, elles suggèrent à mon sommeil ce que les réalités ne peuvent me suggérer quand je suis éveillé. Ai-je donc alors cessé d'être moi-même, Seigneur mon Dieu ? Il y a une si grande différence entre moi et moi-même, du moment où je passe de la veille au sommeil, à celui où je reviens du sommeil à la veille ! Où est alors la raison qui, pendant la veille, sait résister à de telles suggestions, et ne se laisse point ébranler même en présence des réalités ? Se ferme-t-elle avec les yeux ? S'assoupit-elle avec le sens ? Mais d'où vient que souvent, même dans le sommeil, nous résistons, que nous nous rappelons nos fermes propos, que nous nous y tenons chastement, que nous refusons notre assentiment à ces sortes de séductions ? Et cependant la différence est telle que, dans le cas contraire, nous retrouvons au réveil la paix de la conscience ; et la dissemblance même des deux états nous montre que ce n'est pas nous qui avons fait ce qui s'est fait en nous et que nous déplorons.

Votre main, Dieu qui pouvez tout, ne peut-elle point guérir tous les maux de mon âme, abolir aussi, par une surabondance de grâce, les mouvements lascifs de mon sommeil ? Vous accroîtrez de plus en plus, Seigneur, le nombre de vos bontés envers moi, afin que mon âme, échappée à la glu de la concupiscence, me suive jusqu'à vous, afin qu'elle ne se rebelle plus contre elle-même, et que, même pendant le sommeil, non seulement elle ne consomme pas, sous l'influence d'images bestiales, des turpitudes dégradantes jusqu'à l'émission charnelle, mais qu'elle n'y consente même pas. De faire que, ni dans ma vie présente ni dans ma vie à venir, je ne prenne point de plaisir à de telles surprises des sens – fussent-elles faibles au point que le moindre mouvement suffise à les maîtriser, quand on s'est endormi dans de chastes sentiments – cela ne vous coûte guère, ô Tout-Puissant, « qui pouvez pour nous, plus que nous ne demandons et comprenons ». Maintenant, j'ai dit à mon bon Seigneur où j'en suis encore dans ce genre de misères, « me réjouissant en tremblant des dons que vous m'avez déjà faits, et gémissant de ce qu'il y a encore chez moi d'inachevé. J'espère que vous parferez en moi vos miséricordes, jusqu'à la paix totale dont jouiront en vous mon être intérieur et extérieur, quand la mort aura été engloutie pour la victoire ».

2. L'*éros* possessif de la philosophie platonicienne

Platon, *Phèdre*, trad. Luc Brisson, Paris, GF-Flammarion, 2012, p. 93-100.

« Établissons [...] quelle sorte de choses est l'amour et quels sont ses effets, et proposons une définition. Ayons les yeux fixés là-dessus et reportons-nous-y, tandis que nous examinerons si c'est utilité ou dommage qu'apporte l'amour. [...]

Que l'amour soit une espèce de désir, c'est évident pour tout le monde. Que, contrairement à ce qu'on pourrait croire, même des gens qui n'aiment pas désirent ce qui est beau, nous le savons. Alors, à quoi distinguerons-nous celui qui aime de celui qui n'aime pas ? Il faut encore prendre en considération le fait que, en chacun de nous, il y a deux espèces de tendances qui nous gouvernent et nous dirigent, et que nous allons là où elles nous dirigent : l'une, qui est innée, c'est le désir des plaisirs ; l'autre, qui est une façon de voir acquise, c'est l'aspiration au meilleur. Or, ces deux tendances qui sont en nous, tantôt s'accordent, tantôt se combattent ; et c'est parfois celle-ci qui domine, parfois l'autre. Cela posé, quand c'est une opinion rationnelle qui mène vers ce qu'il y a de meilleur et qui domine, cette domination s'appelle "tempérance". Mais, quand c'est un désir qui entraîne déraisonnablement vers le plaisir et qui gouverne en nous, ce gouvernement a pour nom "démesure". Or, on le sait, la démesure a beaucoup de noms, car elle présente une grande diversité d'éléments et de formes, et celle de ces formes qui vient à prédominer sert à nommer l'homme qui la possède, dénomination qui n'est ni belle ni honorable. Si c'est le désir de la bonne chère qui l'emporte sur ce que la raison présente comme le meilleur et sur le reste des désirs, voilà la gourmandise ; d'où le nom de "gourmand" qui désignera celui qui a ce vice. S'il s'agit par ailleurs du désir tyrannique de s'enivrer, on sait bien quel nom recevra l'homme entraîné sur cette pente. Et il en va de même pour le reste : les noms apparentés à ceux-là, et qui désignent des désirs apparentés, on voit bien comment, chaque fois que tel désir exerce son despotisme, il convient de les attribuer.

À quel désir je pensais, en disant tout ce que je viens de dire ? Cela maintenant est assez évident. Mais ce qui est dit est plus clair, de toute façon, que ce qui n'est pas dit. Je dirai donc que c'est ce désir dépourvu de raison, désir qui domine l'élan de l'opinion vers la rectitude, qui se porte vers le plaisir que donne la beauté, et qui, par l'effet des désirs qui sont de sa famille et qui ont pour objet la beauté des corps, se "renforce" à son tour très "fortement", je dirai donc que c'est ce désir-là qui, devenu penchant irrésistible et tirant son nom de sa "force" même, a été appelé Éros… […]

Oui, celui qui est gouverné par le désir, celui qui est esclave du plaisir, cherche forcément, cela ne fait aucun doute, à obtenir de celui qu'il aime le plus de plaisir possible. Or, l'homme malade trouve agréable tout ce qui ne le contrarie pas, et hostile tout ce qui lui est supérieur ou égal. Dès lors, un amant ne supporte pas volontiers, chez le garçon qu'il aime, supériorité ou égalité : il travaille au contraire à le rabaisser et à en faire son inférieur.

Or, l'ignorant est au-dessous du savant, le lâche au-dessous du brave, l'homme incapable de parler au-dessous de l'homme qui connaît la rhétorique, l'esprit lent au-dessous de l'esprit vif. Quand de tels défauts, et bien d'autres encore, se développent ou se trouvent naturellement dans l'esprit de l'aimé, l'amant, c'est forcé, se réjouit des uns et fait naître les autres, sous peine d'être privé du plaisir du moment. Il est jaloux, cela va de soi, et il interdit à l'aimé de nouer beaucoup d'autres relations, même utiles, qui contribueraient à faire de lui un homme au sens plein du terme. Il lui cause ainsi un dommage considérable, le plus grand qui soit, en le privant du moyen d'acquérir la plus haute sagesse. Ce moyen, c'est la divine philosophie, dont l'amant détourne forcément le garçon qu'il aime, de peur d'en être dédaigné. N'importe quel stratagème lui est bon pour faire que le garçon reste ignorant de tout et qu'il n'ait d'yeux que pour son amant : il trouvera on ne peut plus agréable l'aimé qu'il aura réduit à cet état, mais il lui aura fait le plus grand tort. Ainsi, pour ce qui est de l'esprit, celui qui aime est-il un tuteur et un compagnon, dont on ne doit rien attendre d'utile. [...]

Voici, en vérité, une chose claire pour tout le monde, surtout pour l'amant : son vœu le plus ardent serait de voir le garçon qu'il aime perdre ce qu'il possède de plus cher, de plus doux à son cœur et de plus divin. Père, mère, parents et amis, il ne demanderait pas mieux, en effet, qu'il en fût privé, car il les tient pour des gêneurs et des censeurs de l'extrême agrément que lui procure son commerce avec lui. Ce n'est pas tout. Si le bien-aimé a de la fortune en or ou en propriété d'autres sortes, l'amant le jugera pareillement moins facile à séduire et, lorsqu'il l'aura séduit, moins facile à manier. Il s'ensuit forcément que l'amant est jaloux des garçons qu'il aime, parce qu'ils possèdent quelque chose, et qu'il se réjouit de la perte de ce qu'ils possèdent. [...]

Voilà [...] ce qu'il faut bien se mettre dans la tête : sache que l'amour que vous porte un amant ne s'accompagne pas de bonnes intentions, mais qu'il s'apparente à une sorte de faim qui cherche à s'assouvir. »

3. Les Dionysies grecques

Nietzsche, *Crépuscule des idoles* [1888], trad. Éric Blondel et Patrick Wotling, Paris, GF-Flammarion, 2005, « Ce que je dois aux anciens », § 4.

Je fus le premier qui, pour comprendre cet instinct hellénique plus ancien, encore riche et même débordant, ai pris au sérieux ce phénomène prodigieux qui porte le nom de Dionysos : il est explicable exclusivement à partir d'un *excès* de force. Qui se consacre à l'étude des Grecs, comme le plus profond connaisseur de leur culture aujourd'hui vivant, comme Jakob Burckhardt de Bâle, aura saisi d'emblée que cela a joué un grand rôle : Burckhardt incorpora à sa *Culture des Grecs* une section spéciale sur le phénomène que j'ai nommé. Si l'on veut l'opposé, qu'on regarde la pauvreté d'instinct presque distrayante des philologues allemands lorsqu'ils s'approchent du dionysiaque. Le célèbre Lobeck surtout, qui pénétra en rampant dans ce monde d'états mystérieux avec l'assurance vénérable d'un rat de bibliothèque desséché, et se persuada de faire œuvre scientifique en étant d'une légèreté et d'une puérilité à écœurer – Lobeck a donné à entendre, avec une véritable débauche d'érudition, que toutes ces curiosités ne rimaient absolument à rien. Les prêtres pouvaient bien, de fait, avoir communiqué à ceux qui participaient à ces orgies quelques éléments non dénués de valeur, par exemple que le vin incite à la joie, que, le cas échéant, l'homme vit de fruits, que les plantes fleurissent au printemps, se fanent en automne. Quant à cette profusion si déconcertante de rites, de symboles et de mythes d'origine orgiastique dont regorge littéralement le monde antique, Lobeck y trouve une occasion de se faire un peu plus spirituel encore. « Les Grecs, dit-il (*Aglaophamus*, I, 672), s'ils n'avaient rien d'autre à faire, riaient, bondissaient, galopaient en tous sens, ou bien, l'homme en éprouvant parfois aussi l'envie, ils s'asseyaient, fondaient en larmes et gémissaient. *D'autres* arrivèrent ensuite et cherchèrent une raison à ce comportement étonnant ; et c'est ainsi que prirent naissance, pour expliquer ces usages, ces légendes liées aux fêtes et ces mythes innombrables. On crut en outre que cette *agitation bouffonne* qui, après tout se produisait les jours de fête, faisait aussi nécessairement partie de la célébration des fêtes, et on le maintint comme une part indispensable du culte divin. » – C'est là un bavardage méprisable, on ne prendra pas un Lobeck au sérieux une seconde. Nous sommes affectés d'une tout autre manière quand nous examinons le concept de « grec » que se sont formé Winckelmann et Goethe, et le trouvons incompatible avec l'élément à partir duquel se développe l'art dionysiaque – avec l'orgiasme. Je ne doute pas, de fait, que Goethe n'eût par principe exclu quelque chose de ce genre des possibilités de l'âme grecque. *Par conséquent, Goethe ne comprenait pas les Grecs.* Car c'est uniquement dans les mystères dionysiaques, dans la psychologie de l'état dionysiaque que s'exprime le *fait fondamental* de l'instinct hellénique – sa « volonté de vie ». Que se garantissait l'Hellène au moyen de ces mystères ? La vie *éternelle*, l'éternel retour de la vie ; l'avenir promis et consacré dans le passé ; le oui triomphant à la vie dépassant la mort et le changement ; la *vraie* vie comme la poursuite de la vie dans son ensemble par la procréation, par les mystères de la sexualité. C'est pourquoi le symbole *sexuel* était pour les Grecs le symbole vénérable en soi, la véritable pensée profonde de toute la piété antique. Tout détail de l'acte de procréation, de grossesse, de naissance éveillait les sentiments les plus élevés et les plus solennels. Dans la doctrine des mystères, la *douleur* est déclarée sainte : les « douleurs de la parturiente » sanctifient la douleur en général – tout devenir et croissance, tout ce qui garantit l'avenir présuppose la douleur… Pour qu'existe le plaisir de créer, pour que la volonté de vie s'acquiesce éternellement elle-même, il faut qu'existe éternellement aussi le « tourment de la parturiente »… C'est tout cela que signifie le mot Dionysos : je ne connais pas de symbolique plus élevée que cette symbolique *grecque*, celle des Dionysies. En elle, l'instinct le plus profond de la vie, celui de l'avenir de la vie, de l'éternité de la vie, donne lieu à un sentiment religieux – la voie même qui conduit à la vie, la procréation, est ressentie comme la voie *sacrée*… C'est seulement le christianisme, avec son ressentiment viscéral envers la vie, qui a fait de la sexualité quelque chose d'impur : il a recouvert d'*ordure* le commencement, le présupposé de notre vie…

4. Le mépris pour le corps ou le christianisme comme maladie

Nietzsche, *L'Antéchrist* [1895], trad. Éric Blondel, Paris, GF-Flammarion, 1996, § 51.

Que, le cas échéant, la foi donne la béatitude, que la béatitude ne produise pas encore une idée *vraie* à partir d'une idée fixe, que la foi ne déplace pas les montagnes, mais qu'elle en *mette* là où il n'y en a pas : un passage rapide dans un *asile de fous* éclaire là-dessus suffisamment. Certes *pas* un prêtre : car celui-ci nie par instinct que la maladie soit maladie, que l'asile soit un asile. Le christianisme a *besoin* de la maladie, à peu près comme l'hellénisme a besoin d'un surplus de santé, – *rendre* malade est la véritable intention cachée de tout le système thérapeutique de salut de l'Église. Et l'Église elle-même – n'est-elle pas l'asile de fous catholique comme idéal ultime ? La terre tout entière comme asile de fous ? – L'homme religieux, tel que le *veut* l'Église, est un *décadent* typique ; l'époque où une crise religieuse s'empare d'un peuple est chaque fois caractérisée par des épidémies de maladies nerveuses ; le « monde intérieur » de l'homme religieux ressemble à s'y tromper au « monde intérieur » des surexcités et des asthéniques ; les états « sublimes » que le christianisme a suspendus comme valeur des valeurs au-dessus de l'humanité sont des formes épileptoïdes, – l'Église n'a canonisé *ad majorem dei honorem* que des toqués *ou bien* de grands imposteurs… Je me suis un jour permis de décrire tout le *training* chrétien de la pénitence et du salut (que l'on étudie aujourd'hui en Angleterre mieux que partout) comme une *folie circulaire* méthodiquement provoquée, bien entendu sur un terrain déjà prédisposé, c'est-à-dire foncièrement morbide. Nul n'est libre de devenir chrétien : on n'est pas « converti » au christianisme, il faut être assez malade pour cela... Nous autres, qui avons le *courage* de la santé, *ainsi que* du mépris, combien *nous* sommes en droit de mépriser une religion qui a enseigné à se méprendre sur le corps ! qui ne veut pas s'affranchir de la superstition de l'âme ! qui fait de l'alimentation insuffisante un « mérite » ! qui combat dans la santé une espèce d'ennemi, de diable, de tentation ! qui s'est fourré dans la tête qu'on pouvait promener une « âme parfaite » dans un corps cadavérique et qui à cette fin a eu besoin de s'arranger une nouvelle notion de la « perfection », un être hâve, maladif, idiot jusqu'à l'exaltation, la prétendue « sainteté », – la sainteté, elle-même rien qu'un syndrome du corps appauvri, épuisé, incurablement corrompu !... Le mouvement chrétien, en tant que mouvement européen, est d'emblée un mouvement d'ensemble des éléments de rebut et de déchet de toute espèce (– ceux-là, avec le christianisme, veulent la puissance). Il n'exprime pas le déclin d'une race, il est un agrégat de formes de *décadence* venues de partout, qui se pressent les unes contre les autres et se cherchent. Ce n'est *pas*, comme on le croit, la corruption de l'Antiquité elle-même, de l'Antiquité *aristocratique*, qui a rendu possible le christianisme : on ne saurait trop rudement contredire l'idiotie des érudits qui soutient encore aujourd'hui ce genre d'opinion. À l'époque où les couches tchandalas malades, corrompues, se christianisaient dans l'ensemble de l'*imperium*, le *type* justement *contraire*, l'aristocratie, existait sous sa forme la plus belle et la plus accomplie. C'est le grand nombre qui est devenu maître ; le démocratisme des instincts chrétiens fut *victorieux*... Le christianisme n'était pas « national », n'était pas lié à une race, – il s'adressait à toutes sortes de déshérités de la vie, il avait ses affidés partout. Le christianisme contient en son fond la rancune des malades, leur instinct dirigés *contre* les bien-portants, *contre* la santé. Tout ce qui est bien réussi, fier, pétulant, la beauté surtout, lui blesse les oreilles et les yeux. Une fois de plus, je rappelle l'inappréciable parole de Paul : « Ce qui est *faible* aux yeux du monde, ce qui est *folie* aux yeux du monde, ce qui est *vil* et *méprisé* aux yeux du monde, Dieu l'a choisi » : c'était *cela*, la formule, *in hoc signo* a vaincu la décadence. – *Dieu sur la Croix* – ne comprend-on toujours pas l'effroyable arrière-pensée de ce symbole ? – Tout ce qui souffre, tout ce qui est suspendu à la Croix est *divin*... Nous sommes tous suspendus à la Croix, par conséquent nous sommes divins... Nous seuls sommes divins... Le christianisme fut une victoire, un mode de penser *plus aristocratique* en a péri, – le christianisme a été jusqu'ici le plus grand malheur de l'humanité.

5. Le Sermon sur la montagne

Matthieu, V-VII, trad. Louis Segond.

Voyant la foule, Jésus monta sur la montagne ; et, après qu'il se fut assis, ses disciples s'approchèrent de lui.

Puis, ayant ouvert la bouche, il les enseigna, et dit :

Heureux les pauvres en esprit, car le royaume des cieux est à eux !

Heureux les affligés, car ils seront consolés !

Heureux les débonnaires, car ils hériteront la terre !

Heureux ceux qui ont faim et soif de la justice, car ils seront rassasiés !

Heureux les miséricordieux, car ils obtiendront miséricorde !

Heureux ceux qui ont le cœur pur, car ils verront Dieu !

Heureux ceux qui procurent la paix, car ils seront appelés fils de Dieu !

Heureux ceux qui sont persécutés pour la justice, car le royaume des cieux est à eux !

Heureux serez-vous, lorsqu'on vous outragera, qu'on vous persécutera et qu'on dira faussement de vous toute sorte de mal, à cause de moi.

Réjouissez-vous et soyez dans l'allégresse, parce que votre récompense sera grande dans les cieux ; car c'est ainsi qu'on a persécuté les prophètes qui ont été avant vous.

Vous êtes le sel de la terre. Mais si le sel perd sa saveur, avec quoi la lui rendra-t-on ? Il ne sert plus qu'à être jeté dehors, et foulé aux pieds par les hommes.

Vous êtes la lumière du monde. Une ville située sur une montagne ne peut être cachée ;

et on n'allume pas une lampe pour la mettre sous le boisseau, mais on la met sur le chandelier, et elle éclaire tous ceux qui sont dans la maison.

Que votre lumière luise ainsi devant les hommes, afin qu'ils voient vos bonnes œuvres, et qu'ils glorifient votre Père qui est dans les cieux.

Ne croyez pas que je sois venu pour abolir la loi ou les prophètes ; je suis venu non pour abolir, mais pour accomplir.

Car, je vous le dis en vérité, tant que le ciel et la terre ne passeront point, il ne disparaîtra pas de la loi un seul iota ou un seul trait de lettre, jusqu'à ce que tout soit arrivé.

Celui donc qui supprimera l'un de ces plus petits commandements, et qui enseignera aux hommes à faire de même, sera appelé le plus petit dans le royaume des cieux ; mais celui qui les observera, et qui enseignera à les observer, celui-là sera appelé grand dans le royaume des cieux.

Car, je vous le dis, si votre justice ne surpasse celle des scribes et des pharisiens, vous n'entrerez point dans le royaume des cieux. [...]

Vous avez appris qu'il a été dit : Tu aimeras ton prochain, et tu haïras ton ennemi.

Mais moi, je vous dis : Aimez vos ennemis, bénissez ceux qui vous maudissent, faites du bien à ceux qui vous haïssent, et priez pour ceux qui vous maltraitent et qui vous persécutent,

afin que vous soyez fils de votre Père qui est dans les cieux ; car il fait lever son soleil sur les méchants et sur les bons, et il fait pleuvoir sur les justes et sur les injustes.

Si vous aimez ceux qui vous aiment, quelle récompense méritez-vous ? Les publicains aussi n'agissent-ils pas de même ?

Et si vous saluez seulement vos frères, que faites-vous d'extraordinaire ? Les païens aussi n'agissent-ils pas de même ?

Soyez donc parfaits, comme votre Père céleste est parfait. [...]

Après que Jésus eut achevé ces discours, la foule fut frappée de sa doctrine ;

car il enseignait comme ayant autorité, et non pas comme leurs scribes.

6. Le Déluge chez Ovide

Ovide, *Les Métamorphoses*, I, 253-312, trad. Joseph Chamonard, Paris, GF-Flammarion, 1966, p. 48-50.

Il [Jupiter] se disposait déjà à couvrir des traits de sa foudre toute la superficie de la terre, mais il craignit de voir l'éther sacré, au contact de tous ces feux, s'enflammer, et le monde s'embraser d'un pôle à l'autre. Il se rappelle aussi que, suivant le destin, un jour doit venir où la mer, où la terre, où le ciel, demeure divine, à son tour envahi par les flammes, brûleront, où la masse du monde, édifiée avec tant d'art, s'écroulera. Il repose ses carreaux fabriqués par les mains des Cyclopes. Un châtiment tout différent lui sourit : il va consommer sous les eaux la perte du genre humain et, de tous les points du ciel, faire crever les nuages.

Aussitôt, il enferme l'Aquilon dans les antres d'Éole, et avec lui tous les vents qui mettent en déroute les nuages pris dans leurs tourbillons ; puis il lâche le Notus. Sur ses ailes humides, le Notus s'envole, son visage terrifiant couvert d'une obscurité de poix ; sa barbe est alourdie de pluie, l'eau coule de ses cheveux blancs, sur son front séjournent les brouillards, ses ailes, son sein ruissellent. Et quand, de sa main étendue, il pressa les nuages en suspens, avec fracas s'épanchent du haut de l'éther les cataractes qu'il enfermait. La messagère de Junon, vêtue de couleurs chatoyantes, attire et recueille les eaux dont elle alimente les nuages. Les blés sont déversés ; sous les yeux du cultivateur éploré tous ses espoirs gisent à terre, et le labeur d'une longue année, devenu vain, est anéanti. Mais la colère de Jupiter ne se borne pas aux limites du ciel, son domaine.

Son frère, roi des flots azurés, vient à son aide et lui apporte le secours de ses eaux. Il convoque les fleuves. Dès qu'ils eurent pénétré dans la demeure de leur maître : « De longues exhortations sont, dit-il, en ces circonstances, inutiles. Donnez libre cours à votre violence : c'est là ce qu'on vous demande. Ouvrez vos réservoirs et, renversant vos digues, lâchez sans contrainte les rênes à vos flots. » Ses ordres donnés, ils reviennent à leur demeure et ouvrent toutes grandes les bouches de leurs sources. Leur flot déchaîné prend sa course et roule vers les mers. Le dieu, de son côté, de son trident, a frappé la terre. Elle a tremblé, et la secousse a ouvert une large route aux eaux. Libres, les fleuves s'élancent hors de leur lit à travers les plaines ouvertes, entraînant tout ensemble avec les moissons, les arbres et les bêtes, les hommes et les maisons, les sanctuaires avec leur mobilier sacré. Si quelque demeure est restée debout et a pu résister, sans être renversée, à ce cataclysme, l'onde plus haute encore en recouvre cependant le toit, et les tours englouties disparaissent dans le gouffre des eaux. Entre la mer et la terre, nulle différence n'apparaissait plus : tout n'était plus qu'une plaine liquide, et cette plaine n'avait même pas de rives. L'un se réfugie sur une colline, l'autre, installé dans une barque aux flancs incurvés, se guide à la rame là où il avait labouré naguère ; celui-là navigue au-dessus de son champ de blé ou du toit de sa ferme submergée ; celui-ci prend un poisson au sommet d'un orme ; c'est dans une verte prairie, si le hasard l'a voulu, que s'enfonce l'ancre, ou bien, de leur quille les barques courbes écrasent les vignes qu'elles surnagent. Et là où naguère les maigres chèvres broutèrent le gazon, maintenant les phoques informes viennent se poser. Les Néréides sous l'eau contemplent avec étonnement des parcs, des villes, des maisons. Les dauphins sont les hôtes des forêts, ils se jettent contre les branches et se heurtent aux chênes que le choc ébranle. Le loup nage au milieu des brebis. L'onde charrie des lions fauves, charrie des tigres. Sa force foudroyante n'est plus d'aucun secours pour le sanglier, non plus que la rapidité de sa course pour le cerf entraîné par le flot. Et, après avoir longtemps cherché une terre où pouvoir se poser, l'oiseau errant, les ailes fatiguées, tombe à la mer. Sous cet immense débordement de la plaine liquide, les hauteurs avaient disparu ; les flots insolites battaient les sommets des montagnes. Les êtres vivants, pour la plupart, sont emportés par l'onde ; ceux que l'onde a épargnés succombent à un long jeûne, faute de nourriture.

La Phocide sépare les Aoniens des champs où se dresse l'Œta ; terre féconde tant qu'elle fut une terre, mais, en ces conjonctures, simple partie de la mer, vaste pleine d'eaux soudainement assemblées. Un mont, en cet endroit, pointe ses deux sommets escarpés vers les astres ; il se nomme Parnasse, et son faîte dépasse les nuages. Lorsque Deucalion, en ce point – car l'eau avait recouvert le reste du monde –, monté sur une frêle barque, avec celle qui partageait sa couche [1], eut abordé, tous deux adressent leur hommage aux nymphes Coryciennes, aux divinités de la montagne, à Thémis, interprète du destin, qui était alors maîtresse de l'oracle. Jamais homme ne fut plus que lui vertueux, ni plus ami de la justice, jamais femme plus qu'elle pénétrée de la crainte des dieux.

Quand Jupiter vit que le monde n'était plus qu'une nappe liquide et stagnante, que, de tant de milliers d'hommes vivant naguère, il n'en restait qu'un, que de tant de milliers de femmes, il n'en restait qu'une, tous

1. Sa femme, Pyrrha, qui est aussi sa cousine germaine.

deux honnêtes, tous deux pleins de dévotion pour la divinité, il dispersa les nuages, et, le rideau de pluie écarté par l'aquilon, il rend au ciel la vue de la terre, à la terre, celle de l'éther.

BIBLIOGRAPHIE

André Comte-Sponville, *Le Sexe ni la Mort. Trois essais sur l'amour et la sexualité*, Paris, Albin Michel, 2011.

Benoît XVI, *Lettre encyclique « Deus caritas est » du souverain pontife Benoît XVI, aux évêques, aux prêtres et aux diacres, aux personnes consacrées et à tous les fidèles laïcs, sur l'amour chrétien*, Paris, P. Téqui, 2006.

Luc Ferry, *La Révolution de l'amour. Pour une spiritualité laïque*, Paris, Plon, 2010.

Luc Ferry et Mgr Philippe Barbarin, *Quel devenir pour le christianisme ?*, Paris, Albin Michel, « Espaces Libres », 2011.

Luc Ferry et Lucien Jerphagnon, *La Tentation du christianisme*, Paris, Grasset, « Nouveau collège de philosophie », 2009.

Daniel Marguerat et Éric Junod, *Qui a fondé le christianisme ?*, Genève/Montrouge, Labor et Fides/Bayard, 2010.

Jacques Rivelaygue, *Leçons de métaphysique allemande*, Grasset, « Collège de philosophie », 1990. [Un livre admirable de mon ancien professeur qui m'a, le premier, fait comprendre Hegel.]

Denis de Rougemont, *L'Amour et l'Occident*, Paris, Plon, 1956.

TABLE

Achevé d'imprimer en avril 2013
sur les presses de Grafica Veneta, Italie.

N° édition : L.01EHBN000620.N001